使う哲学

齋藤 孝
Saito Takashi

ベスト新書
518

はじめに

世界の見え方がガラリと変わる。そうした体験をしたことがあるでしょうか。

今まで見てきた朝の食卓の光景、通学や通勤の風景、旅行先での景色、政治や経済のニュース、絵画、音楽、演劇、スポーツ……。

同じものを見ているのに、何かがこれまでとは違って見える。同じことをしているのに、感じ方がどこか違う。

「アッ、これはこういうことだったのか」

「そうか、こういう考え方もあるのか」

「なんだ、私はいつもこっち側からしか見ていなかったんだ」

フトした瞬間にそうした発見をすることがあると思います。これは、いわば「世界観が変わる」体験です。

実は哲学には、私たちの世界観を変えるほどの大きな力があります。あるものを見たとき、これまではAとしか見なかったのが、哲学を学び知ることで、BやCやD、あるいはHやPやYに見えたりする。世界観が変わる、この体験は、哲学を学ぶことの醍醐味でもあります。

高校時代に「倫理・社会」、あるいは「倫理」の科目を勉強した人もいるでしょう。そうした倫理学では、哲学についても学びます。

私も高校時代、倫理・社会の勉強をしましたが、この科目はほかのそれとは違うなと思いました。

ほかの、たとえば日本史や化学、数学、英語などは知的な欲求を満たしてくれますが、倫理学を学ぶと、それに加えて、人としての生き方を考えさせられます。つまり、倫理学は私たちの生き方に直結し、私たちに生き方を問う学問でもあるのです。

倫理学の大きな柱である哲学は、まさに私たちに生き方を問います。その哲学は、古今の哲学者たちが自己や社会、自然、宗教などと格闘して生み出した知の結晶です。

プラトンもデカルトもヘーゲルも、キルケゴールもニーチェもフロイトも、ソシュールもメルロ＝ポンティもフーコーも、私たちに新たな世界観を提示してくれました。

そうした斬新な世界観を含んだ哲学を学ぶことで、私たち自身も新たな地平に立つことができます。

こう考えることもできるんだ、こうして生きていくこともできるんだ。……哲学を机上の学問に終わらせず、哲学の力を活用することで、私たちの人生はよりいっそう豊かになります。

本書では、西洋の哲学の概略に加え、その哲学を活用して豊かに生きていく方法を紹介していきます。

古今の哲学者たちの思想を自分の日常にどう活《い》かすか。そのことを意識しながら読み進めていただければ幸いです。

使う哲学　◉目次

第3章　古代から現代までの哲学の使い方　79

編集協力／平出　浩
図版制作／野澤由香

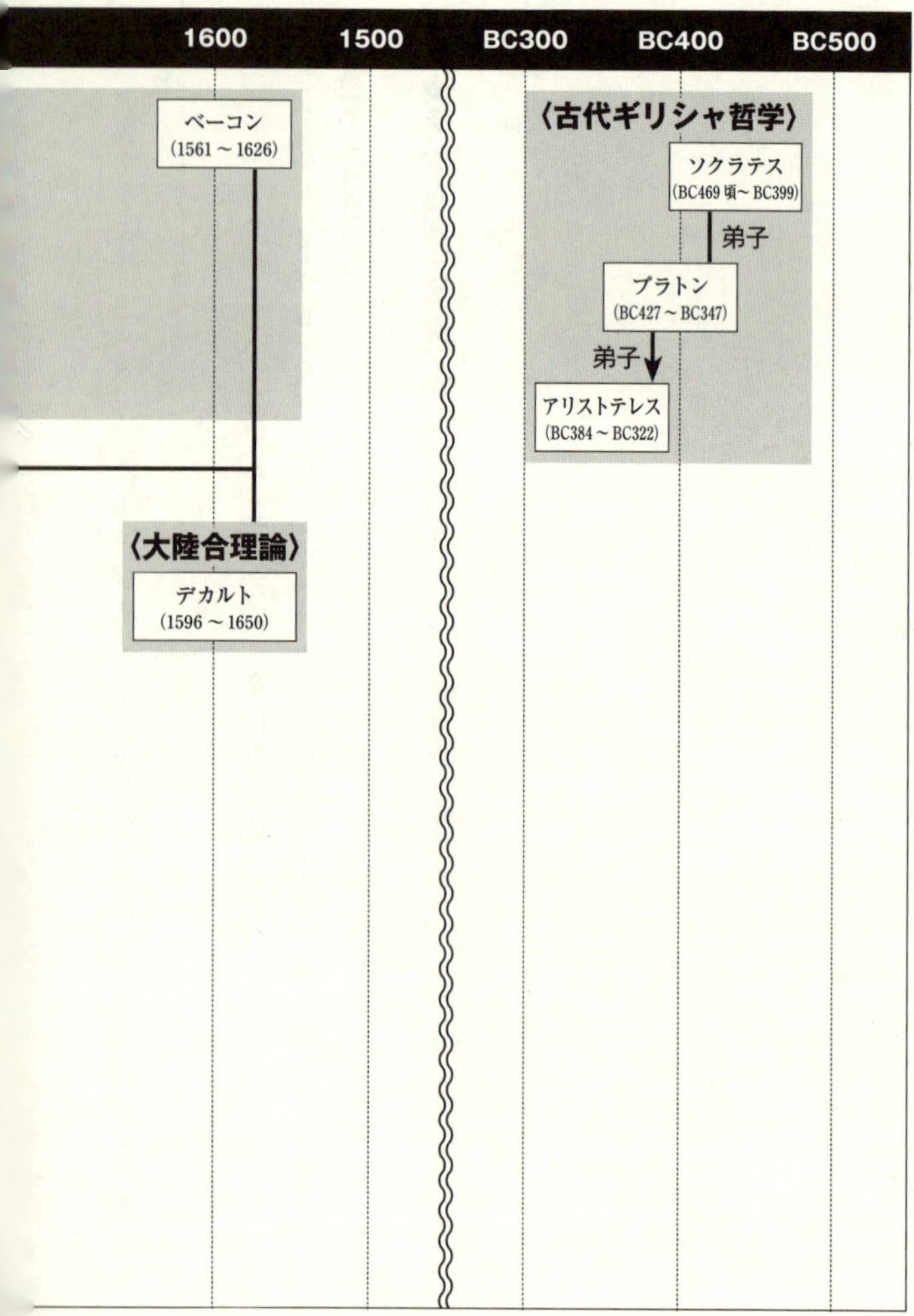

1600
1500
BC300
BC400
BC500
ベーコン
(1561 ～ 1626)
〈古代ギリシャ哲学〉
ソクラテス
(BC469 頃～ BC399)
弟子
プラトン
(BC427 ～ BC347)
弟子
アリストテレス
(BC384 ～ BC322)
〈大陸合理論〉
デカルト
(1596 ～ 1650)

【西洋哲学の流れ】

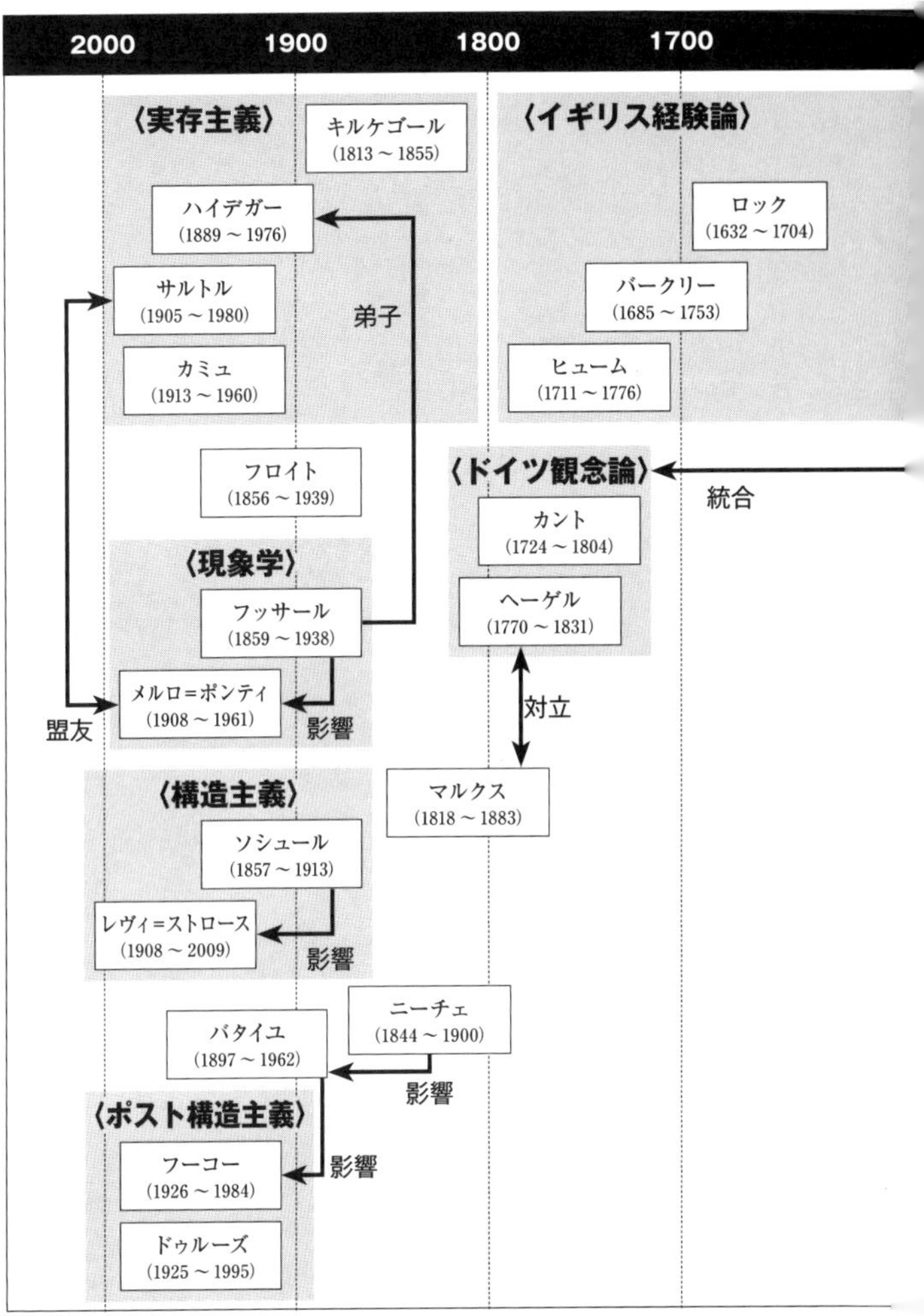
2000
1900
1800
1700
〈実存主義〉
キルケゴール (1813 ~ 1855)
ハイデガー (1889 ~ 1976)
サルトル (1905 ~ 1980)
カミュ (1913 ~ 1960)
弟子
〈イギリス経験論〉
ロック (1632 ~ 1704)
バークリー (1685 ~ 1753)
ヒューム (1711 ~ 1776)
フロイト (1856 ~ 1939)
〈ドイツ観念論〉
統合
カント (1724 ~ 1804)
ヘーゲル (1770 ~ 1831)
〈現象学〉
フッサール (1859 ~ 1938)
メルロ=ポンティ (1908 ~ 1961)
盟友
影響
対立
マルクス (1818 ~ 1883)
〈構造主義〉
ソシュール (1857 ~ 1913)
レヴィ=ストロース (1908 ~ 2009)
影響
ニーチェ (1844 ~ 1900)
バタイユ (1897 ~ 1962)
影響
〈ポスト構造主義〉
フーコー (1926 ~ 1984)
影響
ドゥルーズ (1925 ~ 1995)

第1章　現代社会に使える哲学

哲学は愛知学

哲学とは何でしょうか。その本質は愛知学、つまり「知を愛する」ことにあります。英語のphilosophy（フィロソフィー）を「哲学」と訳したのは、啓蒙思想家の西周《にしあまね》です。当初は「希《き》哲学」と訳されていましたが、いつしか「希」が取れて、哲学になったわけです。

幕末から明治時代の初期にかけて、外国の言葉や概念が怒濤のごとく押し寄せました。フィロソフィーもその一つで、ギリシャ語のphilosophia（フィロソフィア）に由来します。

ギリシャ語のフィロソフィアは「知を愛する」という意味だから、まさに愛知学です。哲学という言葉は今やすっかり定着していますが、愛知学のほうが実は本来の意味に近い上に、わかりやすかったかもしれません。

ともかく、知を愛する学問、それが哲学です。しかも、その知は決して単なる「情報」とイコールではありません。

「哲学を知る」ことと「哲学を生きる」ことは違う

情報としての哲学は、今ならそれこそ、インターネットを通してたくさん得られます。英語などの外国語もできるなら、それこそ無数に得られるでしょう。

そうした哲学の知識は、ないよりはあったほうがよいと思います。「無知の知」と言ったのはソクラテスだとか、『純粋理性批判』の著者はカントだよねとか、ニーチェはキリスト教を批判したよねとか、そういうことは知らないよりは知っていたほうが知識や教養を考えると望ましいし、友人や知人との会話の幅も広がりそうです。

しかし、「はじめに」で書いたように、哲学は生き方を問う学問です。ただ知っているだけでは、本当には哲学を知っていることにはなりません。「本当には」というのは、知っているだけでは「哲学を生きていない」ということでもあります。つまり「哲学を知っている」ことと「哲学を生きる」こととは違うということです。

たとえば、私たちはエベレストという世界最高峰の山があって、そこの頂《いただき》に登る人たちがいることを知っています。登山者たち、あるいは冒険者たちはまさに命懸けで山頂をめざしますが、その様子を私たちはソファーにゴロンと横になってテレビで見ていたりします。「あー、すごいな」などと言いつつも、自分はゴロンと横になっている。エベレストに登ろうなどとは思いもしません。

あるいは、正月にテレビの前に座って箱根駅伝の様子を見たりします。「よし、がんばれ。抜かれるな！」などと応援しているその人は、コタツに入ってミカンをほおばっていたりします。

どちらの例も、エベレストや箱根駅伝のことを知っています。でも、どこか人ごとです。自分のこととしてとらえ、やってみようとか、自分も挑戦してみようなどと、思うわけではありません。

寝そべってエベレスト登山のニュースを見るのも、コタツに入って箱根駅伝の様子を見るのも、もちろん悪いことなどではなく、その人にとってはむしろ楽しいひとときかもしれません。ただ、こうしたあり方では哲学に迫り、哲学を生きることはできないということです。

デカルトを学ぶと、オレオレ詐欺にだまされない

哲学とは何か、そして「哲学を生きる」とはどういうことか。幾つかの例から考えてみましょう。

フランスの哲学者、ルネ・デカルト（1596年〜1650年）は物事や対象を盲信

しないで、丁寧に吟味しながら、信用できるか信用できないか、振り分けていくことを提唱しています。

「我思う、ゆえに我あり」（ラテン語では「コギト・エルゴ・スム」）はデカルトの有名な言葉で、この言葉を知っている人は多いのですが、デカルトの思考法を身につけている人はといえば、それほど多くないと思います。それどころか、身につけようとか、身につけるという発想を持ったことのある人も少ないのではないでしょうか。

高校の倫理や倫理・社会で、デカルトの「我思う、ゆえに我あり」と彼の著作に『方法序説』があることを習っても、その知識を得ておしまい。これでは、デカルトの哲学を学んだことにはなりません。

デカルトの思想の詳細は後述しますが、デカルトの思想をしっかり学んだ人であれば、たとえばオレオレ詐欺に引っかかることはありません。認知症などになってしまったのであれば別ですが、高齢になっても、デカルト的な思考法を持っていれば、オレオレ詐欺にだまされることはないと言いきれます。なぜなら、盲信しないで確認することが、デカルトの思考法では当たり前だからです。

久しぶりに息子から電話がかかってきたとします。「母さん、俺だよ。久しぶりだなぁ、元気にしてる？　実は俺さ、会社のお金が入ったバッグを電車の中に置き忘れてしまったんだ。３００万円なんだけど、上司から弁償しろって言われてるんだ。でも、俺の安月給で弁償できるわけないよ。母さん、なんとかならないかな。助けてくれよ」。こんな内容だったとします。

息子を助けたい一心で、「よし、わかった。振り込んであげるよ」となると、相手の術中にはまってしまうことになりかねません。

息子を助けるにしても、相手の言葉を盲信はしないで、一度、電話を切ってかけ直すこともできます。久しぶりに電話をかけてきて、「３００万円くれ」というのは、少なくとも尋常な状況ではないのですから。かけ直してみたら、本当の息子は驚きつつ、「それは詐欺だよ」と言うでしょう。

こうした検証の手続きを踏むことは、デカルト的な思考だし、近代哲学を経た現代人としては当たり前の対応といえます。

近代哲学を学ぶと、決めつけをしなくなる

私たちはさまざまな思い込みをしてしまうことがあります。あるいは、物事や人に対

して決めつけをしてしまうこともあります。

たとえば「イスラーム（イスラム教）は危険だ」という考え。イスラーム過激派が起こしたテロのニュースを見て、「イスラームは危険だ」と断定してしまう。テロを起こしているのはイスラム教の信者のごく一部なのに、イスラームの信者は全員危険で、イスラム教は危ない教えだと思い込んでしまう。

あるいは今、インターネット上には、罵詈雑言といってよいほどのさまざまな悪口が溢れています。

「〇×は人として終わっている」「△□は生きる資格がない」「絶対に許さない。つぶしてやる」などなど、目を覆いたくなるような言葉が溢れています。

人の一側面だけを見て、何か落ち度や至らないことがあると、そこに対して総攻撃を加える。「おまえは人間失格だ」と烙印《らくいん》を押さんばかりに。しかも、インターネット上で匿名で。そうした行為はほとんど独断と偏見に満ちています。

仮にデカルトが現代に生きているとしたら、彼はそのようないい加減な批判や悪口などを決して書き込まないでしょう。デカルトは物事を一つ一つ丁寧に検証することを説いているのですから。

そうして考えてみると、私たちは現代社会を生きているけれど、一つ前の近代の哲学者たちが獲得した知を実践できていないことになります。今、日本に生きている日本人の多くは現代社会に生まれ、現代社会の中で生きてきました。となると、多くの日本人は近代の目覚めを自分のこととしては体験していないといえます。

哲学思想を学ぶときには、ステップを踏むことも大切だと私は考えています。古代や近代の哲学をまるで知らずに、たとえばいきなり「ポスト近代思想こそ重要である」と主張するのは、おかしなことです（「ポスト」は「〜のあと」の意）。

たとえば科学の世界では、ガリレオ・ガリレイ（1564年〜1642年）を除外して、科学を語ることはできません。ガリレイの思考法を今の科学者も身につけ、守っています。観察や実験を通して仮説を検証したガリレイの方法を現在の科学者も行なっているのです。

哲学にも同様のことがいえます。長年にわたって積み上げてきた哲学思考をいっさい無視して、今だけを論じることはできません。デカルトなどの近代哲学を実践することをまったくしないで、哲学を本当に知っているとはいえないでしょう。

私も近代的な自我を経験した

デカルトに関する話をもう少し続けましょう。

中世のヨーロッパでは、キリスト教における神が絶対の存在でした。その中にあってデカルトは「我思う、ゆえに我あり」と言ったわけです。

この世界の創始者である神がいて、人もいる、自分もいる、というのがそれまでのヨーロッパ社会では当たり前の価値観でした。その世界観に異《い》を唱えるように、デカルトは「私は考える、だから私は存在する」と言った。これは極めて大きな発言です。何しろ「神がいて自分がいるのではない。自分こそが世界の原点だ」と宣言しているのですから。デカルトは神を否定してはいませんが、ここに人間の近代的な自我が始まったといえるほどの大きな発言だったといえます。

人類史を眺めたとき、デカルトのなしえたことはとても大きい。それは、人の自我を目覚めさせたからでもあります。

私自身は高校2年生のときに自我が目覚めた経験があります。それまではわりにボーッとというか、朦朧《もうろう》とした感じで生きていました。それが突如、自己意識に目覚めてしまった。目覚めてしまった以上、それまでの自分とは違うという気持ちがどんどん高まっていきました。

「今の僕はこれまでの僕とは違う。君の知っている僕じゃない。僕たちがこれまでのようにつき合うのは無理があるんじゃないだろうか」

私は友人にそんなややこしいことを言ったりしました。振り返ると、私自身、衝撃的な変化やねじれを起こしたと思います。

大学に入ったころには、私の近代的自我はさらに磨きがかかり（!?）、「君は近代的自我を持っているか」などという問いを同級生に発したりしていました。人柄のいい友人たちはそれでも友人関係を保ってくれましたが、我ながら面倒でやっかいな学生だったとは思います。

その後私は、近代的自我だけでない、さまざまな思想や思考法を学び、近代合理主義にとらわれることはなくなりましたが、高校から大学にかけて、近代的自我を自分自身のこととして学び、生きたことは決して無駄でなく、それどころか私の大きな糧《かて》の一つになっています。

カントの「定言命法」を生きるとは？

ドイツの哲人、イマヌエル・カント（1724年〜1804年）は「定言命法《ていげんめいほう》」を説きました。定言命法とはカントが考えた道徳の原理で、「〜すべきだ」「〜せよ」という正しい行ないについての無条件の義務のことです。

無条件なので、「〜しなければいけないこと」は状況や条件に左右されてはいけないことになります。物事の背景や理由、損得、予想される結果などを排除し、常に誰もが納得するように行為しなければいけません。

「哲学を生きる」とは、たとえば、この定言命法を実践してみることです。「カントの思想の一つに定言命法があるよね」で終わりにしないで、実際に無条件で万人が納得しうる善行をするのです。

1ヵ月、2ヵ月、3ヵ月……カントのいう定言命法を意識して行動してみる。その結果、定言命法はやはり正しい、絶対の価値観だなと思って、定言命法の生き方を続けてみるのもいいでしょう。

一方、誰もが納得する法則って何だろう、そんなことは決められない、それに、どうしたって、そのときどきの状況によって、できることとできないことがある。電車の中でお年寄りに席を譲るのが定言命法だとしても、自分の体調が悪くて、こっちが席を譲ってもらいたいときもある。定言命法で生きるのは実情に即していないのではないか。そう思って、定言命法に疑問を持つようになることもあるでしょう。

これらはいずれも、一度はカントのいう定言命法を実践しています。つまり、哲学を生きることを試みています。その点では、情報としての哲学、知識としての哲学は超えているといえます。

ヘーゲルの「弁証法」で結婚を考える

近代ドイツの哲学者の一人にG・W・フリードリヒ・ヘーゲル（1770年〜1831年）がいます。ヘーゲルといえば、「弁証法」を思い起こす人も多いと思います。

弁証法って何？　と聞かれれば、「正《せい》、反《はん》、合《ごう》でしょ」と答える人もいるでしょう。

「正と反という二つの対立する問題があっても、弁証法ではどちらも切り捨てたりしないよね。それで次の次元に進んで、より良い方法を見つけるんだ。このことを止揚《しよう》とかアウフヘーベンとかいうんだよね」

弁証法について、ここまで答えられる人もいるかもしれません。知識としては、これはあるほうかもしれませんが、身近な問題に引きつけて考えることができればさらによいと思います。

たとえば結婚。あなたが男性だとして、ある女性と結婚することになったとします。一人暮らしが長く、気ままに暮らしてきた。しかし、つき合って5年になる女性がいて、結婚することになった。そうした状況だとします。

イザ結婚してみると、これまでとはどうも勝手が違う。日曜日は昼近くまで寝ていたのに、そうすることもできなくなった。日曜日は朝から一緒に出かけたい、買い物につき合ってほしい、風呂の掃除をしてほしい、貯蓄は毎月○万円以上したい……といろいろなことを要求され、独身時代とはずいぶん違う生活になってしまった。

この例では、独身時代が「正」だとすると、結婚生活は「反」になります。「反」に進むことを拒み、「正」のままでいると、成長は止まってしまうかもしれない。しかし、結婚を受け入れ、結婚生活を営むことで成長できて、「合」に達することができるかもしれない。弁証法で考えると、結婚をこのようにとらえることもできます。

さらに、子供が生まれたとします。最初は赤ん坊だから、大人からすると、まるでわけのわからない存在です。言葉は通じないし、言うことは聞かないし、泣いたり笑ったりを繰り返す。大人の常識の通用しない存在、それが赤ん坊です。

でも、この存在がまた夫婦を、人を成長させてくれる可能性があります。大人という「正」に対し、子供という「反」が、親子三人を次なる「合」へと導いてくれることがあるのです。

これは弁証法で考える夫婦や家族の姿といえます。こうして夫と妻は人として発展し、人としての幅や奥行きを広げていけると考えることができるのです。

ヘーゲルの弁証法を意識するだけでも、これまでなかった幅と奥行きが人生に生まれます。

たとえば、会社の会議で提案した企画に反対意見を出されたときには、「これは『反』だな」と思って、その反対意見を取り入れ、飲み込んで、さらに上質の企画に高めていくのです。

あるいは、最初から必ず反対意見を出してもらうという方法もあります。「合」をめざし、止揚していくことを当初からめざすのです。これらは弁証法を活かす生き方といえます。

弁証法を活かした武道家

『武道とは何か』などの著作もある、南郷継正《なんごうつぐまさ》氏という武道家がいます。その南郷氏は哲学者でもあった三浦つとむ氏の『弁証法とはどういう科学か』（講談社現代新書）という本に感銘し、強い影響を受けたようです。

弁証法には「対立物の相互浸透の法則」「量質転化の法則」「否定の否定の法則」の三つの法則があります。

その中の量質転化の法則について、三浦氏の『弁証法とはどういう科学か』には「量的な変化が質的な変化をもたらし、また質的な変化が量的な変化をもたらすというのが『量質転化』の法則です」と書かれています。

量的な変化が質的な変化をもたらすということは、非常に多くの量を行なうと、質が変わってくるということでもあります。

武道家の南郷氏はこの点にも着目して、量を行なうことを武道理論の一つとして挙げています。型を量的に反復すると、ある所で動きに質的転換が起こり、「技《わざ》」となります。南郷氏は弁証法を机上の空論にしないで、自分のこととして活かしているのです。

私もかつて武道をしていたので、この「量質転化の法則」は実感としてもよくわかります。ある技をしっかり身につけるには、５０００回程度の練習では不十分でした。最低でも1万回、できれば2万回以上練習を重ねないと完全には自分のものにならないというのが私の実感です。

南郷氏は弁証法を軸にして武道論を組み立てました。彼は哲学を生きている人の一人といえるでしょう。

『論語』の一節を生きるだけでも大変

西洋の哲学ではありませんが、孔子（紀元前552年〜紀元前479年）の言行を編集した著作に『論語』がありますね。

『論語』は日本人には比較的なじみがあるので、一つや二つ、その内容を言える人は少なくないと思います。

たとえば「己の欲せざる所は人に施すことなかれ」の一節を知っている人もけっこういるでしょう。「自分がしてほしくないことは、ほかの人にもしてはいけない」ということですが、この言葉を知っていても、これを実践しきれている人は、果たしてどれほどいるでしょうか。

孔子も実は弟子にこのことを指摘しています。「あぁ、そういうことですか」と軽く受け答えする弟子に対して、孔子は「お前にはとうていできないであろう」と厳しく応じるのです。

孔子ほどの人ですから、言葉と実践との間には著しい距離があることをわかっていたのでしょう。単に知識として知ることと、その知識を生きていく技として身につけることとはまるで違うことを。

「己の欲せざる所は人に施すことなかれ」一つをとっても、これを一生涯やりとおすとなると、かなり困難です。悪口を言われる、嫌がらせをされる、いじめられる、不親切にされる、不機嫌な態度をとられる……といったことなどは、一般的には「己の欲せざる所」、つまり、自分がされたくないことです。そうしたことを誰に対しても、一生絶対にしないのは、容易でないことがわかると思います。

孔子は「仁」や「信」の大切さも説いています。「仁」は優しさであり、真心です。「信」は言葉と行動が一致していることです。

『論語』の「仁」や「信」がどういう意味であるかを知っていることは知識の一つになりますが、傲慢で、言うこととすることがいつも違うような人は『論語』を本当に知っているとはとてもいえません。

「仁」と「信」を生き続けるだけでも、人生は尊いものになりえます。それは「孔子の思想を生きる」生き方の一つといえます。

漢字は哲学でもある

「仁」や「信」は、それ自体が哲学に思えます。といいますか、漢字というのはすべて、それ自体、哲学であると私は考えています。

たとえば「信一」という名前の人がいます。この名前をつけた親は、「信」こそが最も大事である、生涯、言葉と行動と一致させて生きていってほしい、という願いを名前に込めたかもしれません。そこには、親の哲学があります。

それから「勇」という字。何事も恐れずに、強く、心が奮い立つことが「勇」の一字でわかります。

「泥棒を撃退するなんて、おまえは勇気があるな。見直したよ」

「勇」の字があることで、こうした表現をすることもできます。ところが「勇」がないと、「泥棒を撃退するなんて、おまえはなんというか、こう、すごいな」といった表現になるかもしれません。「勇」の一字があることで、表現の幅が広がるだけでなく、「勇」

という言葉が持つ世界観ができあがります。

『論語』には「智」「仁」「勇」が三つの徳目＝三徳として挙げられています。「智の人は惑わず、仁の人は憂《うれ》えず、勇の人は懼《おそ》れず」と孔子は言い、人の道として、三徳を説いています。これはこれで、明瞭な人生哲学です。

優しくて、約束を守るような日本人は多いと思いますが、それは『論語』の影響も大きいと思います。『論語』が哲学として、ある程度は今の日本にも浸透しているのです。

言葉を使うようになる前と使うようになってからでは、人の意識や行動はずいぶん変わりました。日本では、漢字を使う前と使うようになってからも、人の意識や行動はまた大きく変わりました。

言葉には、ボンヤリ考えていたものをクッキリ考えられるようにする力があります。「なんか、いい感じの人だね」だけでなく、「優しい人だね」と言えるし、「なんか、すごいよね」だけではなく「勇気があるね」と言えるようになる。これは言葉の力であるし、漢字の力でもあります。そして、その言葉には哲学が含まれているし、漢字はそれ自体が哲学であると考えることができるのです。

「世界とは何か」「人間とは何か」「自分とは何か」……そうした根源的な問いを哲学者

たちは立て、それに対する答えや概念、思考法を模索し、確立してきました。しかも、生涯をかけ、命を削るようにして。

だからこそ、今の私たちは先人たちの思想の恩恵に浴することができているのですが、多少の知識があるだけで、その思想をまるで使わずにいるのは、もったいない気もします。

単に知ろうとするだけでなく、自分の頭で考え、実践してみる。すべてでなくてももちろん構いません。学んでいく中で「これは！」と思うものを一つでも二つでも、頭に汗して考え、語り、議論し、行なってみる。哲学を学ぶとき、そうしたあり方は哲学者たちへの礼儀でもあると同時に、その人自身を成長させてくれるはずです。

第2章　哲学と宗教の歴史から見えること

神と宗教と哲学と

第2章では、西洋の哲学の歴史を大まかに振り返りつつ、私たちが哲学を学ぶ意義を考えていきます。

哲学は古代ギリシャで始まったとされています。「万物の根源は水である」。これはタレス（紀元前624年頃～紀元前546年頃）の言葉で、哲学の最初の言葉とされています。

世界は水からできているといわれても、今の私たちからすると、「それはおかしいよ」と思ってしまいますが、世界の成り立ちを神なしで考えた点は画期的といえます。ちなみにタレスは、皆既日食《かいきにっしょく》を予言したり、ピラミッドの高さを測量したりするなど、自然に関して相当の知識を持っていました。

タレスが万物の根源を「神なしで考えた」ということは、当時、神はすでに存在していたということです。神は宗教と密接に結びつくことを考えると、今でいう宗教は哲学よりも前にすでに存在していたことになります。

哲学の歴史は宗教のそれを抜きに語ることはできません。西洋において両者は、密接に関係しているからです。そこで、ここでは宗教の歴史も振り返りつつ、哲学の歴史を考察してみることにします。

古代エジプトでは、ファラオ（王）の魂の再生を願ってピラミッドをつくったといわれます。カイロの近くのギザなどにピラミッドがつくられたのは紀元前27世紀ごろですから、古代ギリシャのタレスの時代よりもずっと古いことになります。

ファラオは「神の化身」として神権政治を行なっていました。ということは、宗教は当時からすでに存在していたといえます。

また、『旧約聖書』には「ノアの箱舟」の話があります。「ノアの箱舟」は概ね、次のような話です。

人々が信仰心を失って、堕落した生活を送っていると知った神は怒り、大洪水を起こして、人類を滅ぼそうと考えます。しかし、ノアだけは慎み深く神を信心していたので、神は彼を助けることにしました。箱舟をつくるように神に命じられたノアは、そのとおり箱舟をつくりますが、ほかの人たちはノアをあざけります。やがて大洪水が起こり、多くの人が逃げ惑い、大水《おおみず》に流されていきます。助かったのはノアとその家族、ノアたちに引き連れられた動物たちだけでした。彼らは皆、箱舟に乗って、助かったのです。

「ノアの箱舟」の話は『ギルガメッシュ叙事詩』によく似ています。『ギルガメッシュ叙事詩』はシュメール人によってつくられた神話物語です。シュメール人はティグリス川とユーフラテス川流域に発展したメソポタミア文明の担い手としても有名です。

『旧約聖書』は『ギルガメッシュ叙事詩』よりも新しい時代につくられました。ということは、「ノアの箱舟」は『ギルガメッシュ叙事詩』の影響を大きく受けているということです。

「ノアの箱舟」で注目してほしいのは、神が人間たちの振る舞いに不満を抱いて、怒った点です。その怒りを爆発させた神は、ノアたちを除いたすべての人間を滅ぼしてしまいました。そこで人類を一度、セットし直して、再スタートさせようとしたのでしょう。

ユダヤ教の力、宗教の力

「ノアの箱舟」のような神、あるいは神々の物語は『ギルガメッシュ叙事詩』や『旧約聖書』に限らず、古来、世界のあちこちに見られます。

古代ギリシャにも、多くの神々がいます。たとえば、海が荒れると、海の神であるポセイドンが怒ったと、古代ギリシャの人々は考えました。ポセイドンは海だけでなく、大地も揺さぶる神なので、地震もコントロールすると考えられていました。

日本でも、海が荒れると、海神《わだつみ》が怒ったのだ、と考えられてきました。「神様が怒った」「神様のご機嫌がいい」「神様がもたらしてくれた」……判断を神にゆだねるような思想は世界各地にありました。「神様のお考えだから」とか「神様がおっしゃったから」などとなると、誰もが納得し、それ以上は考えなくなります。そこには、思考の主体は人間になく、人間は神に翻弄される存在です。

神を絶対視する考え方は、とりわけ一神教において顕著です。一神教における神は全知全能です。絶対の存在で、やることなすこと、すべて正しい。

『旧約聖書』の「ノアの箱舟」の話において、洪水を起こしたのもユダヤ教やキリスト教で信じられている一神教の神（ヤーヴェ、ゴッド）です。洪水を起こすなど、とんでもない神様だ、などと信者はとても言えません。

そもそも神のすることを人間が推し量ることなどできません。神がいちいち人間の機嫌をとったり、人間の状況に配慮したりするはずなどないのですから。

『旧約聖書』には、モーセ（モーゼ）が神から与えられた10の戒律「十戒《じっかい》」についても記されています。

「私をおいてほかに神があってはならない」「いかなる像もつくってはならない」「あなたの父母を敬え」「殺してはならない」「姦淫してはならない」「盗んではならない」など、10ある戒律が十戒です。

「父母を敬え」や「(人を) 殺してはならない」は、今の私たちにも十分に理解できる教えですが、ユダヤ教における戒律はどんどん増えて、細かくなっていきます。今の日本人にはあまり受け入れられない内容もありそうです。

たとえば、安息日。ユダヤ教では、週に一度の安息日には、絶対に労働をしてはならず、ひたすら神の栄光を称《たた》えなさいと定められます。旅行をすることも、自動車を運転することも、料理をつくることも、ガスを使うことも、火をおこすことも、現代の安息日には禁じられています。「神の栄光を称える日」の意味はそれほど大きく深いのです。

食べてよいもの、食べてはいけないものに関しても、細かく規定されています。たとえば、ラクダ、イノシシ、野ウサギ、ブタ、ウマ、ロバなどの反芻《はんすう》しない、もしくはひづめが完全に分かれていない動物などは食べることを禁じられています。

また、男子はペニスの包皮を切り取る割礼の儀式を受ける必要があります。

しかし、キリスト教は当時のローマ帝国で幾度も迫害に遭います。皇帝ネロは64年にローマで大火事が起きた際には、多くのキリスト教徒を迫害しています。

また、皇帝ディオクレティアヌスは4世紀初め、多くのキリスト教徒を処刑しています。自身を「主にして神」とするディオクレティアヌスにとって、自分ではない「唯一の神」を信奉するキリスト教徒は許せなかったのです。

このように、300年以上にわたって、キリスト教徒は苦難の道を歩みました。状況が変わったのは、ディオクレティアヌスのあとです。彼の死後、コンスタンティヌスが皇帝になりました。

コンスタンティヌスは313年、ミラノでキリスト教を公認するという勅令を発布しました。いわゆるミラノ勅令で、これによって、キリスト教を信仰してもよいことになりました。ディオクレティアヌスがキリスト教を大弾圧してわずか10年ほどのちのことでした。弾圧しても増え続けるキリスト教徒をもはや認めないわけにはいかなくなったのでしょう。

さらに392年、時のローマ皇帝、テオドシウスはキリスト教を国教にします。キリスト教以外の宗教を禁じ、ローマ帝国の臣民全員がキリスト教を信じなくてはいけなくなりました。信じると迫害され、場合によっては殺されてしまう状況から、信じてもよいとなって、さらに信じなくてはいけなくなった。まさに180度の大転換です。

皇帝が教皇に屈した「カノッサの屈辱」

キリスト教がローマ帝国で国教とされ、5世紀後半に西ローマ帝国が滅亡して以降、歴史の視点で見ると、ヨーロッパは中世に入ります。

中世のヨーロッパでは、キリスト教教会が絶大な権威と権力を誇りました。キリスト教の世界観がヨーロッパを覆い尽くします。

キリスト教教会の権威・権力は皇帝や王のそれをも上回りました。象徴的な出来事があります。それは、1077年に起きた「カノッサの屈辱」です。

ドイツ国内の聖職者の叙任権を巡って、神聖ローマ皇帝（ドイツ皇帝）のハインリヒ4世と教皇グレゴリウス7世が対立しました。そこで、グレゴリウス7世はハインリヒ4世を破門、つまりキリスト教徒の資格を剝奪してしまいました。

今の私たちなら、別にそれくらいのこと、構わないじゃないか。ハインリヒ4世は皇帝だから強力な武力だってあるだろうから、武力で屈服させればいいじゃないか、と思うかもしれません。

しかし、当時のヨーロッパ社会では、キリスト教徒であることが人としての条件のようになっていました。そのキリスト教を束ねる教会、そしてその教会のトップである教皇の権威はまさに絶大だったのです。

破門を説いてもらうために、ハインリヒ4世はグレゴリウス7世のいるイタリアのカノッサ城に赴きました。そして雪の舞う中、ハインリヒ4世はカノッサ城の城門前でグレゴリウス7世に謝り続けたといわれます。ハインリヒ4世にしてみると、これは確かに屈辱以外の何ものでもないでしょう。

さらに、のちの教皇インノケンティウス3世は「教皇は太陽、皇帝は月」の言葉とともに、教皇権の絶頂期を築きます。

皇帝や王といった世俗の権力者がキリスト教という神聖な権威の前にひれ伏してしまった。不等号を使って表わせば、これは「教皇>皇帝・王」「神聖>世俗」の力関係です。

このように、キリスト教教会は〝神の代理人〟として、中世のヨーロッパに君臨したのです。ただし、神聖な教会も実は世俗にまみれているのですが。

神が支配した時代

中世ヨーロッパでは、生の意味も死の意味も、行動も習慣も、キリスト教に基づいて考えられていました。個として考えることも、個として行動することも、基本的にはなく、神を思い、神に頼り、神とともに動いていたのです。

神につきしたがい、隷属するような形で過ごしていた彼らに自我の目覚めが起こる余地はありません。神の言うことを聞いて生きるのが人々の務めなのですから。

こうしたあり方は、イスラーム（イスラム教）にも見られます。「アラー（神）は偉大なり」とムスリム（イスラーム教徒）は言います。

アラーの望むまま、アラーのご意思のままに生きることは彼らの最大の喜びであると同時に、そうした人生のあり方は自分のアイデンティティーにもなります。

アイデンティティーは「存在証明」などと訳され、自分を自分たらしめているもので、自分が何者であるかを知ることのできるものでもあります。

俺は何者なんだ？　私はいったい何なの？　アイデンティティーがしっかりしていれば、そうした悩みを持つこともありません。自分が何者なのか、イスラームがしっかり答えてくれるからです。

現在のキリスト教徒も、神のご意思のままに、神の御心《みこころ》にそうように生きている人はいるでしょう。そうした人は、キリスト教に基づいた確たるアイデンティティーを持っていると思います。

ただ、近代的自我を持つようになって以降、多くの西洋人は中世のヨーロッパ人とは異なるアイデンティティーを持つようになりました。思想や思考法に関しても、中世の人たちとは違ってきました。

少し語弊のある表現かもしれませんが、近代人や現代人からすると、中世のヨーロッパ人はどこかボーッと、ボンヤリして生きていたフシがあります。

中世のヨーロッパの人たちがボーッとしてしまった背景には、教会の力が強くなったことと関係しています。

生も死も、日常の規範も、教会から教えてもらうことで、個人は何も考える必要がなくなってしまった。神、具体的には教会に、人生のさまざまなことをゆだねることができたために、各個人は明瞭な意志を持つ必要もなかったのです。

しかも、中世のほとんどのキリスト教徒は聖書を自分で読んだことがありませんでした。というのも、聖書の多くはラテン語で書かれていて、庶民はそのラテン語を読めなかったからです。

ラテン語は教養ある聖職者や高等教育を受けたごく一部の人しか読めません。しかもその聖書は、一般の家庭にはなく、教会で厳重に保管されていました。

ルターが目覚めさせた意識

その聖書を解き放った人物がいます。それはマルティン・ルター（1483年～1546年）です。ルターは聖書をドイツ語に翻訳して、ドイツの庶民でも聖書を読めるようにしたのです。

それまで庶民は、教会を通してしか神の声やイエスの教えを知ることができなかったのですが、直接、聖書に触れられるようになって初めて、イエスの言葉と1対1で向き合うことができるようになりました。これはドイツの庶民にとって、意識の大きな目覚めになったといえるでしょう。

ルターは教会と教皇の権威を否定して、従来の教会（カトリック教会）とは別の宗派を打ち立てます。ルター派教会（ルーテル教会）で、ルター派教会以降のキリスト教の宗派は「プロテスタント」と呼ばれるようになります。プロテスタントは「抗議する人」の意味で、ルター派を禁止した神聖ローマ皇帝のカール5世にルター派諸侯が抗議したことに由来します。

世俗にまみれ、権力を志向し、権威的になってしまったカトリック教会からルターは離れ、聖書の言葉だけに従い、イエスの姿こそ、神の恵みと考えたのです。ルターはキリスト教を原点に立ち返らせたといえるでしょう。

16世紀のルターに始まる宗教改革によって生まれたプロテスタント。そのプロテスタントに属する人たちは、基本的には神やイエスと1対1で向き合うようになりました。となると、教会にベッタリ依存するわけにもいかず、自分を律する必要も生じます。神は存在しているけれど、自分自身とも向き合わなくてはならなくなって、自分の心との対話も重要視されるようになっていきます。

こうなると、心のありようが中世の人たちと少し変わってくるのがわかるでしょう。歴史的に見ると、近代の萌芽《ほうが》が感じられます。

古代ギリシャの巨人、アリストテレス

神や宗教について、少し振り返ってみると、まず神は非常に古い時代から各地に存在していましたね。その中から一神教で民族宗教のユダヤ教が生まれ、やがてユダヤ教はキリスト教を生み出します。

キリスト教は当初、迫害されていましたが、途中から認められ、ローマ帝国の国教になって以降は、キリスト教の教会はヨーロッパ社会において絶大な権威を持つまでになりました。その中で、人々は神（実質的には教会）を頼り、神につきしたがう人生を送っていました。ルターなどの宗教改革者はその状況を変え、それ以降、人々の意識も変わっていきました。

では哲学の視点で見ると、ヨーロッパ社会はどのような変遷を経ているでしょうか。概要を見てみましょう。

古代ギリシャの哲学というと、ソクラテス（紀元前469年頃～紀元前399年）、プラトン（紀元前427年～紀元前347年）、アリストテレス（紀元前384年～紀元前322年）の3人を思い浮かべる人もいるでしょう。この3人はそれぞれ、師と弟子の関係です。つまり、プラトンはソクラテスの弟子で、アリストテレスはプラトンの

弟子です。

この3人の中では、ソクラテスが最も古い人物ですが、ソクラテス以前にも古代ギリシャには哲学者がいました。すでに紹介したタレスもそうですし、ほかにも、ピタゴラス（紀元前582年頃〜紀元前497年頃）、ヘラクレイトス（紀元前540年頃〜紀元前480年頃）、デモクリトス（紀元前460年頃〜紀元前370年頃）など、自然哲学を唱えた人たちがいます。あるいは「万物の尺度は人間である」などの言葉を残し、価値相対主義を唱えたプロタゴラス（紀元前485年頃〜紀元前415年頃）などもいます。

そうした中で、私がここで特に注目するのはアリストテレスです。というのもアリストテレスは、少なくとも当時のレベルにおいては世界のほとんどすべての事象を説明してしまったからです。

アリストテレスは常人では考えられないほどの博学多識で、それまでのギリシャの哲学や科学を集大成しました。その範囲はカテゴリー論、自然学、天体論、気象論、宇宙論、霊魂論、動物誌、徳と悪徳、政治学、経済学、弁論術、詩学など非常に多岐にわたります。まさに古代世界の巨人といえる人物です。

そのアリストテレスが「こうである」と言ったことは、なんとその後、およそ2000年もの間、人々に疑われることなく信じられることになります。アリストテレスが「こうだ！」と決めたことが2000年の長きにわたって西洋世界を支配し続けたのです。

しかしその中には、今では間違いとされていることもありました。「知の巨人」といえども、完璧ではありません。

たとえば、アリストテレスは「重いものと軽いものを落下させたら、重いもののほうが先に落ちる」と言いましたが、これはガリレイが疑問を持ち、実験をしてみるまで、真理であると思われていました。

アリストテレスは紀元前4世紀の人物で、ガリレイは16世紀から17世紀にかけての人物です。その間には、約2000年の隔たりがあります。アリストテレスの考えを克服するのに2000年もの時を必要としたのです。

さらに1971年、アポロ15号が月でハンマーと鷹《たか》の羽を落とす実験をして、同じ重力場の中にあるものは、空気抵抗がなければ、質量の大小にかかわらず同じ速度で落下することを証明しました。アリストテレスの時代からは、実に2300年ほども経っていました。

キリスト教の世界観に覆われた中世

アリストテレスなどの古代ギリシャ哲学は一度、イスラーム世界に入り込んで、そこで保存され、再びヨーロッパに戻ってきました。ヨーロッパ人はそのギリシャ哲学を学んで、ギリシャの思想や思考をキリスト教に溶け込ませていきました。

とりわけキリスト教教会はアリストテレスの思想を取り入れ、キリスト教の理論を補強させるための道具として活用しました。

教会がアリストテレスなどのギリシャ哲学を取り入れたことで、庶民は考えなくてもすむようになりました。なぜかというと、「聖書やアリストテレスなどが世界のすべてを説明してくれている。だから、おまえたちは何も考える必要はないんだ」と教会が言っているような状況になったからです。

13世紀になると、『神学大全』の著者でスコラ哲学の完成者として知られるトマス・アクィナス（1225年頃～1274年）が現われ、神学と哲学の融合を試みました。

融合といっても、調和させたというより、むしろ神学を哲学の上に置くことをアクィナスは考えました。哲学に対し、一定の位置を保とうとはしていますが、哲学よりも神学を、理性よりも信仰を上位に置こうとしたのです。

アリストテレスなど古代ギリシャの哲学がヨーロッパ社会に入り込み、神学と哲学の融合も図られますが、全体としては神学、つまりキリスト教による価値観がヨーロッパ全体を覆っていました。

この世界は誰がつくったの？　と問われれば、誰もが「神様です」と答えたでしょう。「初めに、神は天地を創造された」と『旧約聖書』の「創世記」に書いてあるからです。１日目には光をつくり、２日目には水と空をつくり、３日目には陸と海と草木をつくり……と聖書に書かれているから、教会は人々にそのように教えていたでしょう。

キリスト教の世界観、価値観に覆われていたヨーロッパ社会。そこから抜け出すのは容易ではありません。

「脱キリスト教」への道

しかし、少しずつ「脱キリスト教」「脱教会」の動きが見えてきます。それはニコラウス・コペルニクス（１４７３年～１５４３年）やガリレイ、デカルトなどの出現によるところが大きかったのです。

コペルニクスは当時、主流だった地球を中心に天が動く天動説ではなく、太陽を中心として地球が回っている地動説を唱えるなどしました。神は地球を中心に、そして人間を中心に世界をつくってくれたと考えていた当時の人たちにとっては、驚天動地の思考です。

ガリレイもコペルニクスの地動説を認め、確信したため、宗教裁判にかけられたりしました。

デカルトはどうでしょうか。彼は「我思う、ゆえに我あり」と語り、「神がいて自分がいるのではない。自分こそが世界の原点である」と考えましたが、神から完全には脱却しきれていませんでした。とはいえ、神の存在証明を自分の意識と関連づけて行なうなど、思考の重心は近代的な自己意識にかなり傾いています。

その後はさらに、神を考え出したのは人間だよね、神は実は神でなくて別のものでもいいんじゃないか、といった思考に進んでいきます。脱キリスト教、ひいては脱中世が進んでいくことになるのです。

とはいえ、キリスト教を信じている人は今も大勢いるし、宗教が影を潜め、世界が西洋哲学で覆われているかというと、決してそんなことはありません。

むしろ21世紀の今は、イスラームをはじめとした宗教が存在感を誇っています。イスラームの教徒であるムスリムは非常に多く、世界的に増え続けていますが、デカルト主義者が増えているなど、聞いたことがありません。ユダヤ教も民族宗教とはいえ、世界の動向に大きな影響力を持ち続けています。

「神は死んだ」と記したニーチェ

デカルト以降も、ブレーズ・パスカル（1623年～1662年）やセーレン・キルケゴール（1813～1855年）など、キリスト教世界の中で独自の哲学を打ち立てる哲学者は多く登場します。その中でもフリードリヒ・ニーチェ（1844年～1900年）は特異な存在です。

19世紀のドイツの哲学者、ニーチェは著作『ツァラトゥストラ』（『ツァラトゥストラかく語りき』や『ツァラトゥストラはこう言った』などの邦題もあり）の中で「神は死んだ」とまで記します。

キリスト教圏においては信じがたい発言です。不滅の存在であるはずの神が死んだというのですから。これはキリスト教社会の中では「言ってはいけない」類の言葉でした。いわばタブーです。ニーチェはその禁を破ったのです。

神が人間の自由や独立を阻んでいる。人間をダメにしているのは神という概念だ。そのようにニーチェは考えました。

さらにいえば、よいもの、善なるもの、能力の高いものは、すべて神に行ってしまう。人間にはガラクタしか残っていないんじゃないか、と。

だから、人間は神に卑屈になってしまう。卑屈になって、ルサンチマン、つまり恨みや妬《ねた》みを抱いて、それが隣人にも向けられる。そのようにニーチェは考えました。

キリスト教では隣人愛を説いていますね。キリスト教で説く隣人愛は周りの人たちに等しく愛情を持つことかもしれませんが、実際にはそのようになっていないと、ニーチェは言います。むしろ多くの人は、人が上に伸びていく強い力を結託して押さえ込み、足並みをそろえさせるために隣人愛を強要していると考えます。

だからニーチェは、隣人愛に批判的です。恨みや妬みを「隣人愛」という言葉を使ってごまかし、小さい人間になってしまっている、というのです。

ニーチェの「超人」思想

ニーチェには『人間的な、あまりにも人間的な』という著作もありますが、ニーチェの言う「人間的な、あまりに人間的な」は嫉妬心から他人を引きずり下ろそうとする小さい人間のことです。優しく共感的で、慈愛に満ちた人などではまったくなく、心の小さな人のことだから、「ちっぽけな、あまりにもちっぽけな」としたほうがわかりやすかったかもしれません。

そうした「ちっぽけな人間」を乗り越えようとしたのがユーバーメンシュ、つまり「超人」です。

ニーチェの言う「超人」とは、スーパーマンのような万能の力を持つ人のことではありません。積極的で肯定的な強い精神力を持ち、あらゆる状況を勇気をもって乗り越えていくような人間のことです。人任せにせず、神任せにもせず、個として強く生き、私たち自身が価値観をつくり出していこうと、ニーチェは言います。ニーチェは『ツァラトゥストラ』で新しい人類の誕生を宣言したといってもよいでしょう。

とはいえ、実際には神は死んではいません。世界の多くの人が何かしらの宗教を信仰しています。その宗教の多くには神が存在しています。

ユダヤ教やキリスト教、イスラームなどを信仰するのは、もちろんその人の自由でしょうし、信仰心は尊重されてしかるべきでしょう。ただ、近代の哲学が辿ってきた道を理解した上で信仰心を持つことは、現代社会を生きる上では大切なことのように思います。

ちなみに、ニーチェの『ツァラトゥストラ』は私の座右の書の一つで、折に触れて読み返しています。さらに、手塚富雄氏が訳した『ツァラトゥストラ』(中公文庫)を私が勧めている大学の学生たちと一緒に読んでもいます。

『ツァラトゥストラ』は哲学的なアフォリズム(箴言《しんげん》)に満ちていて、ニーチェという哲学者の考えや生き方を知ることができる好著です。物語の形式を取っているので文学としても楽しめます。私が勧めたい哲学書の一冊です。

ハーバーマスの対話的理性で社会を考える

神がいると、神を盲信して、人は考えなくなり、卑屈にもなってしまう。さらに、自分に神がついていると思うと、正義は自分にあることになる。となると、どうでしょうか。人に譲歩することもなくなり、対話的でもなくなってしまいます。

自分の側にだけは神がついている。正義は自分の側にだけある。この自分に、この神に与《くみ》しないものは敵である、どうなっても構わない、となると、対話はできなくなります。ドイツの哲学者、ユルゲン・ハーバーマス（1929年〜）が言うような対話的理性（コミュニケーション的理性）は成立しえなくなってしまいます。

対話的理性は相手を説き伏せようとする理性ではありません。相手を尊重し、心を開いて相手の話を聞き、共に何かをつくり上げていこうとする理性です。人は皆、対話する中で理性を培ってもいきます。

個人の問題でいえば、たとえばケンカをして、仲違《なかたが》いしてしまったとします。自分の言いたいことだけ言って、ケンカになってしまうこともありますね。でも話し合ってみて、ケンカの原因を振り返って、互いに誤解していたことに気がつけば、互いに謝って、よりを戻すことができます。これも対話的理性のあり方の一つです。

現代のようなグローバル社会では、世界各国各地の人たちとコミュニケーションをとる必要にも迫られます。テレビや新聞を見たり読んだりしていても、遠い国のニュースが日々届けられます。

たとえば、インドのカースト制の問題点が報じられることがあります。現在の日本や欧米社会の感覚からすると、カーストによる差別には拒否反応を感じ、許せない制度であると憤慨する人もいるでしょう。私個人としても、よい制度にはとても思えませんが、インドのカースト制には長い歴史があって、今なおインドの社会に根づいているという現実があります。

インドのそのカースト制をほかの国の人が全否定して、対話不能になるよりは、互いにコミュニケーションをとって、より良いあり方や関係を築いていくほうが建設的であるはずです。

またたとえば、20世紀後半は社会主義陣営と資本主義陣営の東西冷戦の時代でもあって、それぞれの陣営の対話はスムースに行なわれませんでした。

そうした中、東ベルリンからベルリンの壁を越えて西ベルリンへ行こうとして、東ドイツの警備隊に射殺された人も大勢います。東ドイツと西ドイツに対話がなかったことによる悲劇ともいえます。

マルクス主義の理想と現実

カール・マルクス（1818年～1883年）とフリードリヒ・エンゲルス（182

0年～1895年）が打ち立てた社会主義・共産主義の思想は近年まで世界に多大な影響を与えていました。

マルクスとエンゲルスの思想はレーニンなどに引き継がれ、スターリンたちが独裁政治の形で広げていきました。カンボジアにあったポル・ポト政権や北朝鮮の政権はこれらの亜流のようなものです。

スターリンやポル・ポトは自国民の大量虐殺など、凄惨な事件を数多く起こしていますが、マルクスやエンゲルスの思想がそのような残虐なものだったというわけでは決してありません。

思想・哲学としてのマルクス主義はもっとずっと高邁《こうまい》でした。資本主義経済のもとで、労働者が資本家に搾取されていると指摘して、この問題を解消しようとして、社会主義・共産主義を考え出したわけですから。

ごく簡単にいうと、社会主義・共産主義は「財産をみんなで共有して、平等に暮らそう」という思想です。金持ちが庶民を働かせ、搾取し、ますます金持ちになっていき、庶民が豊かになれない資本主義の構図を解決しようとしたのです。

さらにマルクスは「宗教は民衆のアヘンである」と言い、宗教を否定しました。その思想を受け継いだスターリンやポル・ポトなどが大量虐殺をしていることを考えると、「無宗教が人類を救う」という社会主義や共産主義の思想は、少なくとも現実としては機能しなかったことがわかります。

ともかく、経済体制に関しても、宗教に関しても、マルクスとエンゲルスの思想は革命的で、大事件でもありました。

実存主義で知られるフランスの哲学者、ジャン＝ポール・サルトル（1905年～1980年）も途中からマルクス主義に傾斜するなど、マルクスとエンゲルスの思想は強力な力を持っていて、日本の学生運動にも大きな影響を与えています。

私が大学生だった頃の1980年代前半の大学にも、マルクス主義の先生が大勢いて、その思想に染まる人も距離を置く人もいるという状況がありました。

今でこそ、批判されることの多い思想ですが、少し前までは世界を動かし、世界中に賛同者が大勢いた思想でもありました。

宗教やマルクス主義は科学か

マルクスは唯物史観《ゆいぶつしかん》（史的唯物論）という独自の歴史観も展開しました。歴史を見ると、下の階級の者が上の階級の者を倒してきた階級闘争の歴史であると、マルクスは言います。

　原始共産制、奴隷制、封建制、資本主義と、世界は変化してきた。その際、たとえば奴隷制では自由民対奴隷、封建制では王族・貴族対市民や領主対農奴、資本主義では資本家対労働者の闘いがある。

　奴隷制では奴隷が自由民を倒し、封建制では市民や農奴が王族・貴族や領主を倒してきた。次は労働者が資本家を倒して、革命を起こし、社会主義、ひいては共産主義を実現することになる。未来は社会主義、そしてそれを推し進めた共産主義になる、というのです。これがマルクスの説いた唯物史観です。

　マルクスは未来まで含めてこの流れを歴史法則であり、科学でもあると言いました。しかし、これは思想ではあっても、法則や科学ではないでしょう。そう言うには無理があります。

　現にソビエト社会主義共和国連邦という国が1922年に成立しましたが、1991年に崩壊してしまいました。平等な世の中をめざすといいつつ、スターリンなどは極めて多くの自国民を殺戮しています。

輝かしい理想は掲げたけれど、実際は政治家や官僚が特権階級になり、庶民の自由を制限し、場合によっては殺すという平等社会の理想とはかけ離れた世の中になりました。毛沢東が率いた中国やポル・ポトのカンボジアなどでも同様のことが起こりました。

オーストリア生まれのイギリスの哲学者、カール・ポパー（1902年～1994年）は科学は反証《はんしょう》可能性が大事であると言い、マルクス主義を批判しました。反証可能性とは、仮説や命題などが実験や観察によって間違っていると証明される可能性のことで、ポパーは間違いであることを証明できる可能性があるもののみを科学と考えました。

これによると、キリスト教は科学とは言いがたいことになります。たとえば「世界は神がつくった」というキリスト教の教えはどうでしょうか。仮に間違いだと思っても、間違いであると、実験や観察で証明することはできません。ポパーの反証可能性の理論からすると、間違いであることを証明できる可能性がないので科学ではない、となるわけです。

一方、たとえば、三角形の内角の和は180度であることになっていますが、これに対しては「間違いである」と反証できる可能性はあります。実際には、今に至るまで、平面上では三角形の内角の和は180度とされ、反証されていませんが、反証される可能性はあります。となると、「三角形の内角の和は180度である」ことは科学といえます。

反証されて、否定されたら、「間違っていました」と認めるのが科学のあり方だし、科学の潔さでもあります。

「主義者」になることの危険性

「○△主義者」という言い方がありますね。マルクス主義者や無政府主義者など、特定の主義を信奉《しんぽう》する人のことです。

この「主義者」になるのは、あまり望ましいことではないと私は思っています。というのも、主義者になったとたん、自分が信じる主義を絶対視して、それ以外の思想や考えを遮断し、まったく受け入れないようになるからです。さらには、敵対視するようにもなり、その主義を世の中に広めようと、布教活動のようなことも始めるようになります。

　このような状況では、対話や議論をすることは難しくなります。私はマルクスやエンゲルスの著作を読みましたし、学生時代に教えていただいた廣松渉《ひろまつわたる》先生の『マルクス主義の地平』（講談社学術文庫）なども読んでいます。

　しかし、マルクスやエンゲルスの思想には、勉強になる点がたくさんあります。私自身、社会の不公平を是正したいという思いがあるため、共感できる点も多々あります。

　マルクスとエンゲルスの思想だけを信奉しているマルクス主義者と話すと、対話するのが難しいと思ってしまいます。相手は絶対的な真理と正義があるように話すために、こちらの思いがまるで届かない感じがしてしまうのです。そして、話し合いは結局、マルクス主義の枠組みに戻ってしまいます。

「別の考え方だって、あるだろう」「世界はそれだけじゃないだろう」。私はそう思うのですが、その思いは遮断され、相手に届くことはありません。

　何かの思想の主義を信奉し、その主義者として生きることを完全に否定するつもりはありませんが、「○△主義者」になると、一種の思考停止に陥ってしまう可能性があるといえます。

　それは神の言うことがすべてであると信じ込んでいる人も同様かもしれません。もちろん、その人が信じている宗教を否定するつもりなど微塵《みじん》もありませんが、思考はあまり広がらないのではないかと思います。

その点、哲学は批判されたり否定されたりしながら進んでいきます。そのことが哲学の生命線でもあります。少なくとも哲学の視点で見ると、「○△主義者」になるのは望ましいことではないといえるでしょう。

「無意識」を説いたフロイト

オーストリア生まれの精神医学者、ジグムント・フロイト（1856年〜1939年）についても見てみましょう。フロイトはマルクス、ニーチェと並び、20世紀の思想に非常に大きな影響を与えた巨人です。彼らはいずれも、それまでの人間観や世界観を変えるほどの思想や思考法を提示しました。

フロイトと聞くと、「無意識」という言葉を思い浮かべる人も多いと思います。ただ、無意識を発見したのはフロイトではなく、彼以前にも、精神医学の世界では無意識という言葉は使われていました。

ではなぜ、無意識というとフロイトが思い起こされるかというと、無意識の世界が人間にどのように影響しているか、フロイトが説得力をもった説明をしたからです。

自分が意志を持ち、認識し、行動する主体であるという自我だけでなく、心には無意識の世界もあって、それも大きな意味を持つとなると、「我思う、ゆえに我あり」と言ったデカルトも驚くかもしれません。

自分が考えていることだけが自分ではない、無意識のうちに何かをしてしまうこともある、あるいは、抑圧されていたことが思わぬ形で現われることもある。そうしたこともフロイトは言ったわけですが、こうなると、私たちの人間観もだいぶ変わってきます。

心は「エス」「自我」「超自我」の三層構造になっていると、フロイトは考えました。「エス」はドイツ語で、ラテン語では「イド」といい、日本語では「それ」の意味で、無意識の心的エネルギーを表わしています。

「超自我」は道徳的な良心のようなもので、自我を超えたところから「こうすべきだ」「こうしなさい」と言ってきます。社会的な自我の欲望でもあって、「人に認められたい」「人から信用されたい」という自我でもあります。

無意識の心的エネルギーであるエス（イド）と超自我が対立し、自我がその対立を調停する構図になっています。そうやって、心のバランスを保ちながら、私たちは生きているとフロイトは考えたわけです。

人間は意識的に、理性的に生きていると考えていた当時の人々に、この考えは衝撃を与えました。人の心には、無意識などというものがあって、超自我が「こうしなさい」と言ったり、自我が「まあまあ」と調停したりしているといわれたのですから。

ギリシャ悲劇の『オイディプス』にちなんで、フロイトは「エディプス・コンプレックス」という概念も提唱しました。オイディプスは父と知らずに父を殺し、母と結婚します。ちなみに、オイディプスはギリシャ語で、エディプスはドイツ語です。

フロイトのエディプス・コンプレックスによると、男の子は母親に愛情や性的な欲望を抱く一方、父親には嫉妬や嫌悪感を抱きます。しかし、父親に対する畏怖もあるから、父親の命令に従って、自分の内面に道徳規範をつくり上げていきます。これが超自我になると、フロイトは考えました。

フロイトはこのように人間の意識の深層を研究し、私たちに提示していきました。そのため、「無意識」「コンプレックス」「抑圧」などフロイトがよく用いた言葉を、今の私たちは日常的に使うようにもなっています。フロイトの思想の影響力がそこにはあるのです。

フロイトの思考で自分を見つめ直す

フロイトはほかにも興味深いことをたくさん提唱しています。たとえば「快感原則から現実原則へ」というメッセージは、現代人には耳の痛い内容かもしれません。

幼児の世界は基本的には「快／不快」「好き／嫌い」で成り立っています。気持ちのいいことを望んで、それが満たされないと、駄々をこねたり、泣いたりする。これが「快感原則」です。

しかしもちろん、それだけで人間は生きていくことはできません。求めたもののすべてが手に入るわけではないし、我慢しなければいけないことも当然あります。現実に自分を合わせることを知り、それを覚えていく必要があります。そのときに快感原則を押し通そうとすると、現実に対する認識をゆがめることにもなります。

現実を直視し、現実を認識して行動することが成長にもつながります。快感原則で生きることから現実原則にのっとって生きることは、大人になることでもあります。そうした主張も、フロイトはしています。

ラクをして生きたい、楽しいことだけをしていたい、がんばりたくない……。こうしたいわば幼い心持ちから脱却して、現実原則を生きる姿勢をフロイトは説いているともいえます。

「タナトス」もおもしろい概念です。タナトスは死への本能のことで、生きる本能である「エロス」と対比されます。

生存欲求や自己保存本能など、人間は生のエネルギーを中心に生きていると考えられていましたが、死への本能も潜在的にあるのではないかと、フロイトは考えたのです。

誰も死にたいなんて思っていないよ、と言うかもしれないけれど、無意識では死にたいと思っているのかもしれない。男が女を求め、女が男を求めて、ヒトという種《しゅ》を繁栄させているけれど、やがて自分が死ぬことも含めて、組み込まれているのかもしれない。そうして世代交代していくことを無意識のうちに受け入れているのかもしれません。

フロイトは新たな心の構造を提示しました。

「私の無意識って、どうなっているんだろう?」

「僕のコンプレックスは何だろう?」

「親との関係はどうかな？」

「今、自分は快感原則にいるのか、それとも現実原則にいるのか？」

「私のエロスは何？　タナトスはどうかな？」

……フロイトを学ぶことで、こうしたことを自分に問いかけることもできます。

ただ、フロイトの説がすべて正しいかというと、そうともいえず、弟子のユングも最後には離れていきます。

とはいえ、フロイトの精神分析法は現代日本人にもとても役立ちます。フロイトの思考法のエッセンスを学び、活かす姿勢を持つと、その人の成熟度合いはグッと高まることでしょう。

さて、この第2章では、西洋の宗教と哲学を大まかに振り返りつつ、私たちが哲学を学ぶ意味を考えてきました。

ここでは改めて、哲学の歴史は批判や否定を乗り越えてきた歴史でもあることを付け加えておきます。前から存在している理論を乗り越えていくことは、哲学の本質の一つです。その意味でも、何らかの主義者にならずに、いろいろな哲学を学んで取り入れていく。そうした自由で柔軟な姿勢が哲学を学ぶ場合には大切だといえます。

【西洋哲学の歴史で新たな世界観を提示した３人】

「人間とは乗り越えられるべきものである」

ニーチェ

生没年……1844～1900
本　名……フリードリヒ・ヴィルヘルム・ニーチェ
出身地……プロイセン・ザクセン州

20代半ばでバーゼル大学の教授に就任するが、体調悪化により10年ほどで辞職し、著述に専念する。キリスト教を奴隷道徳と呼び、「神は死んだ」と宣言。人生は同じことの繰り返しであるという「永遠回帰」だが、強く生きなければならないという「超人」思想に至る。失恋の痛手から、わずか10日間で『ツァラトゥストラ』の第1部を書き上げるなど業績を残すも、最後は発狂し、56歳で生涯を終える。

主な著作：『ツァラトゥストラ』ゾロアスター教の開祖、ツァラトゥストラが自らの思想を語るという体裁。「永遠回帰」「超人」の思想が展開される。

「今までの哲学者たちは、世界を解釈していたにすぎない。重要なのは世界を変革することである」

マルクス

生没年……1818～1883
本　名……カール・ハインリヒ・マルクス
出身地……プロイセン・トリーア

平等な社会を作るためにはどうしたらよいか、歴史上初めて論理的な思想を発表した哲学者。階級闘争こそが資本主義の崩壊と革命による労働者階級の勝利をもたらすと主張。資本主義の仕組みを科学的に解明する科学的社会主義思想は「マルクス主義」と呼ばれ、後世に影響を与える。革命家としてさまざまな国から入国を拒否され、家族を抱えながらの赤貧生活で、エンゲルスの仕送りで生計を立てるなど、その一生は波乱に満ちていた。

主な著作：『資本論』余分に生産された利益「剰余価値」を搾取し、労働者が疎外されているとした。資本主義の矛盾を暴いて、社会主義への革命を訴えた。

「人間は自分のコンプレックスを消し去ろうとするのではなく、それと調和を保つようにつとめるべきである」

フロイト

生没年……1856～1939
本　名……ジグムント・フロイト
出身地……オーストリア・ウィーン

精神の裏側にあり、表面には現われない「無意識」を発見し、体系的に分析して暴く「精神分析」というジャンルを確立。この発見は神経症の治療に専念していた最中だった。心のメカニズムを三層構造で成り立つと説明、無意識の「エス」と意識的な「超自我」を調整するのが「自我」とした。この功績は精神医学だけにとどまらず、芸術や現代思想の発展にも多大な影響を与え、ユングやアドラーらの弟子たちも、後世に名を残すに至った。

主な著作：『精神分析入門』フロイトの講義録をまとめたもの。錯誤行為や夢、神経症が「無意識」の欲望によって規定されていると論じた。

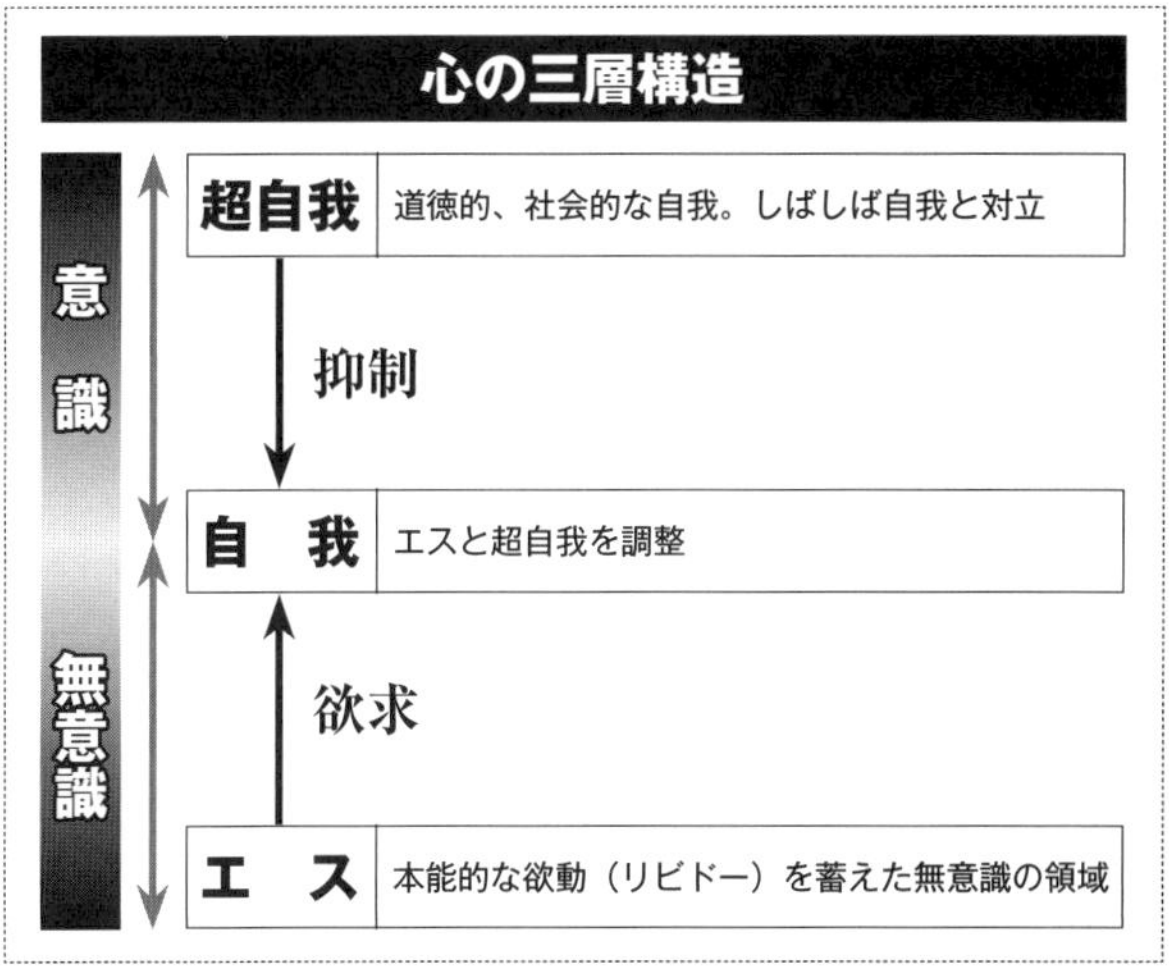

第3章

古代から現代までの哲学の使い方

第3章では、古代から現代に至る西洋の主要な哲学者を取り上げ、彼らの主な思想や思考法を概説して、それをどう活かすか考えていきます。

◎古代ギリシャ哲学では、ソクラテス、プラトン、アリストテレス、

◎イギリス経験論では、フランシス・ベーコン、ジョン・ロック、ジョージ・バークリー、デイヴィッド・ヒューム、

◎近代哲学の三巨頭として、ルネ・デカルト、イマヌエル・カント、G・W・フリードリヒ・ヘーゲル、

◎現代哲学の実存主義として、セーレン・キルケゴール、マルティン・ハイデガー、ジャン＝ポール・サルトル、アルベール・カミュ、

◎現象学では、エトムント・フッサールとモーリス・メルロ＝ポンティ、

◎構造主義では、フェルディナン・ド・ソシュールとクロード・レヴィ＝ストロース、

◎ポスト構造主義などでは、ジョルジュ・バタイユ、ミシェル・フーコー、ジル・ドゥルーズ

……などの思想や思考法を紹介します。もちろん、この人たち以外にも著名で重要な哲学者はいますが、彼らはぜひ押さえてほしい哲学者です。

【1】古代ギリシャ哲学

ソクラテス　対話することの重要性

すべては「無知の知」から

タレス以降、古代ギリシャには多数の哲学者が現われましたが、ソクラテス（紀元前469年頃〜紀元前399年）は大きな区切りの存在になっています。そのため「プレソクラティック」、つまり「ソクラテス以前」という言葉もあるほどです。

ソクラテス以前の哲学者は「根源は○□である」という言葉をしばしば残しています。たとえば「万物の根源は水である」（タレス）、「万物の根源は火である」（ヘラクレイトス）、「万物の根源は原子（アトム）である」（デモクリトス）、「万物の根源は数である」（ピタゴラス）などです。

しかし、ソクラテスはそうした言葉は残していません。ソクラテスがそれまでの哲学者と大きく異なるのは、まず「自分は何も知らない」と言った点です。そして、何も知らないことを知っていると言いました。これが「無知の知」です。

「私は、海辺で遊んでいる少年のようである。ときおり、普通のものよりもなめらかな小石やかわいい貝殻を見つけて夢中になっている。真理の大海は、すべてが未発見のまま、目の前に広がっているというのに」

これは物理学者・天文学者・数学者だったイギリスのアイザック・ニュートン（1642年~1727年）の言葉です。こういうことを言える人は無知の知を心底、理解している人でしょう。

ただ、無知の知を自覚するだけだと、そこで止まってしまう可能性もあります。「私は何も知らないことを自覚しているよ。だから、威張ったりしない。謙虚なんだ」。このくらいで止まってしまうかもしれません。

しかしソクラテスは、無知の知をスタート地点とします。「まず自分は何も知らないことを認めることから始めよう」ということです。そうすると、次には真理を知りたいという熱い気持ちが沸き起こります。

そこで、次にソクラテスが大事にしたのは問いを投げかけ、対話することです。畳みかけるように問いを発し続けて、相手をいつの間にか袋小路に追い込んでしまう。「わかっている」のではなく「わかっているつもり」じゃないか。そのことに相手に気づいてほしい、無知であることを自覚してほしいと考えて、ソクラテスはそうした問いを発し続けたのです。

「問う」ことの大切さ

何か問いを投げかけられると、「あれー、知っているはずなんだけど、えーと……?」などとなることがありますね。

「男らしさとは何か?」と問われて、「度胸があること、勇気があること、力が強いこと」と答えたとしても、度胸と勇気があって、力が強い女の人もいます。たとえば、レスリングや柔道でオリンピックに出場するような女性はそれら三つとも備えていそうです。一方、男性でも、度胸と勇気に欠けて、力もさして強くない人もいます。となると、度胸、勇気、力の強さが男らしさの条件になるか、疑問に思えてきます。

こうしたことは「女らしさとは何か?」という問いに対しても起こるでしょう。となると、「男らしさ」「女らしさ」といっていること自体が成り立たなくなるかもしれません。

あるいは「美とは何か？」「正義とは何か？」「リーダーシップとは何か？　それは生まれつきのものか？」など、問いは無数に立てることができます。

こうした問いをいろいろ立てていると、既成の概念が砕かれることがあります。

斎藤喜博《きはく》氏という教育者がいました。斎藤氏は「概念くだき」ということを言っていて、生徒たちが抱いている思い込みや概念を砕いていくようなことをしていました。

小学校の校長なども務めた斎藤氏は、授業で問いを投げかけて、返答にも「本当にそうなの？」と問い返したりもします。このあり方はソクラテスがしていたこととつながっています。

わかっている、すでに決まっている、と思い込まないで、自分の頭で考えてみる。そのことに哲学の大きな意味があります。人々に問い続けて、「考えてみようよ」とソクラテスは言い続けたのです。

止まらずに、学び続けろ

人を指導する際には、少なくとも二つの方法があります。一つは「このとおりにしなさい」とマニュアルのようなものを示して、そのとおりにすることを勧める方法で、もう一つは、ソクラテスのように相手に問いかけて、答えを明かさない方法です。

たとえば、映画監督でもこの二とおりのタイプがいるようです。「こう演じてみなさい」と指示する監督もいるし、俳優に考えさせる監督もいます。

どちらがよいという問題ではありませんが、問いかけられた俳優は演技について、自分で考えるようになるはずです。その中で、自分なりの答えを探し続けるようにもなるでしょう。

相手に問うと、対話も生まれます。対話は一方的に自分の考えを言えばよいわけではありません。相手の話を聞き、相手の話に気づかされ、よいと思うことは取り入れていく行為でもあります。

「そのことはわかっていなかった。でも、おかげで知ることができた」。そういう気づきと学びがあれば、それは無知の知を自覚し、その一歩先に行けたことにもなります。

無知の知や対話することの重要性は、今も変わりません。商談や会議の場、夫婦間や友人との会話でも、無知の知を自覚しつつ、問いを投げかけ合い、対話することで成長していくこともできます。そうして考えると、二千数百年前のソクラテスの教えは今もまったく古びていないことに改めて気づかされます。

それから、無知の知は「止まらない」ことでもあります。知らないことを知れば、学び続けることになります。この「止まらないあり方」はユダヤ教やキリスト教の教えとは対照的です。ユダヤ教やキリスト教は、聖書によって答えが出ているからです。

ソクラテス自身は著作物を何も残していませんが、弟子のプラトンが対話形式の著作でソクラテスの言葉をたくさん残しています。おかげで、私たちはソクラテスの思想の一端を知ることができています。

プラトン　見る目を養い、理想を求める

「イデア」とは何か？

プラトン（紀元前４２７年〜紀元前３４７年）はソクラテスの弟子の一人で、「イデア論」などを展開したことで知られます。

「イデア」はもともと形や姿を意味していますが、プラトンはイデアを、目には見えなくても魂の目では見ることのできる「物事の真の姿」や「ものの本質」ととらえています。

たとえば、正三角形と呼ばれるものがありますね。正三角形の３本の辺の長さはすべて等しく、三つの内角は各60度で、合計すると１８０度です。

正三角形というのは、人間界や自然界にそうそうあるものではありません。学校でも、黒板やホワイトボード、ノートに正三角形を描いて、授業を行なうことがあります。でもこの場合、かなり丁寧に描いても、正確にはほとんどが正三角形ではないはずです。測ってみると、59・２度の内角もあるかもしれないし、一辺の長さも微妙に違っているでしょう。教科書などに印刷されている正三角形も、拡大して見てみると、イン

クの線がギザギザしているなどして、完璧な正三角形ではないかもしれません。

しかし現実には、こうした三角形を正三角形として、話を進めます。裏返せばこれは、現実には正三角形が存在しなくても、正三角形なるものは存在すると考えているということです。

では、この完璧な正三角形はどこにあるのでしょうか。それはイデア界にあると、プラトンは考えました。

イデアがあるのは、正三角形に限りません。たとえば「美」や「善」や「正義」などについても同様で、「究極の理想の美」「究極の理想の善」「究極の理想の正義」もあるのでしょう。プラトンによると、「美のイデア」「善のイデア」「正義のイデア」など、さまざまなことにイデアはあることになります。

洞窟の中にいては、本物はわからない

イデア界はあるとしても、人間はそれをとらえることができない。プラトンはそのことを「洞窟の比喩」を用いて説明しました。

人間は洞窟の中で奥のほうを向いて縛られている囚人のようなものだと、プラトンは

言います。洞窟の入口では火がたかれていて、何かが火の前を通ると、そのものの影が洞窟の壁に映ります。洞窟の奥を向いている人間が見ることができるのは壁に映った影だけで、本物は見ることができません。これが洞窟の比喩です。

洞窟の中にいては、イデア界を知ることはできません。ならば、洞窟から出る必要があります。そして、理性を用いて、物事の真の姿やものの本質を知ろうと努めることが求められます。

またプラトンは、人間はいろいろなイデアを知っていると言います。なぜなら、私たちの魂は、私たちが生まれる前に天上界でイデアをすでに見ていたからです。ただ、生まれたときにはほとんど忘れてしまうというのです。

科学的思考になじんでいる現代の私たちからすると、荒唐無稽に思えるかもしれません。しかし、人間にはほかの動物と違った特性があるとするなら、イデアを求める性質が人間に組み込まれていると考えることもできます。

セザンヌやゴッホの美の世界

イデア論のおもしろいところは、現実の世界にとらわれるのではなく、究極の世界をめざそうと働きかけている点にあると思います。

たとえば、美のイデアを考えると、多くの画家は美のイデアを追求し、それぞれ美のイデア的世界に到達しているように思います。

たとえば、セザンヌやモネ、ルノワール、ゴッホには、それぞれのイデア的美の世界を感じることができます。

セザンヌの絵を観ると、現実をも超える存在感のようなものを感じます。セザンヌの故郷であるフランスのプロヴァンスの霊峰、サント・ヴィクトワール山の絵からは、山の持つ圧倒的な存在感が伝わってきます。

モネは「もの」というよりも「光」を表現した画家です。『印象・日の出』（1872年作）という作品では、海から立ち上る水蒸気のような空気の粒子に光が当たっている様子が見事に描かれています。この作品を観ると、きらめく世界の、光の戯れの中を生きていることを感じる人もいるでしょう。モネにとっては、光の世界こそがイデア的だったのかもしれません。

ルノワールの描く女性の肌には目を見張る美しさがあります。ルノワールにとっては、女性の光り輝く肌がイデアだったのでしょう。

ゴッホは世界で最も愛されている画家ではないでしょうか。美術館に行くと、いろいろな画家の作品が並んでいる中で、ゴッホの絵の前に人だかりができている光景をよく見かけます。ゴッホの絵には、思わず立ち止まらずにはいられないほどの吸引力があるのでしょう。ゴッホにも、ゴッホ独自のイデア的な美を感じます。

音楽の世界では、たとえばモーツァルトの音楽を聴くと、音楽の美しさを教えられる思いがします。「これこそ音楽のイデアだ」と言われると、納得してしまいそうになります。

イデア的世界を味わう

観阿弥、世阿弥の能、千利休の茶の湯、松尾芭蕉の俳句にも、それぞれイデア的世界を感じます。

たとえば「閑《しずか》さや岩にしみ入蝉《いるせみ》の声」という芭蕉の俳句。なんとも日本的な美の世界だな、と感じ入ります。

芭蕉が登場して以降、それ以前の俳句とは大きく変わりました。質素で物静かで落ち着いた様である「わび・さび」の世界を芭蕉は多数描き、その作風は彼の弟子たちにも受け継がれました。

芭蕉が詠《よ》んだ多くの俳句からも、イデア的美の世界を感じます。「わび・さび」という、今に至る日本人の美意識が育まれたのは芭蕉によるところも大きいでしょう。

プラトンのイデア論はその後、多くの哲学者などに批判されました。プラトンの弟子であるアリストテレスはイデア論がどのように間違っているか、幾つもの理由を挙げて述べています。ずいぶん後年では、ニーチェもイデア論を批判しています。イデア論には理想主義すぎるところもあります。

しかしもちろん、美や善や正義といったものに理想を持ち、そこに向かって歩むことは決して悪いことではありません。優れた絵画や音楽などの芸術に触れて、そこにイデア的美の世界を味わうという楽しみもあります。

さらに、イデア論を考えることは、ものを見る目を養い、理想を求める姿勢を持つことにもつながるでしょう。

アリストテレス　極端に走らず、ほどよいバランスをとる

論理的思考の始まり

第2章で書いたように、アリストテレス（紀元前384年〜紀元前322年）は博学多識で、古代世界の巨人といえる人物です。ここでは、アリストテレスの膨大な業績の中から「論理学」「中庸」「カタルシス」について見てみます。

アリストテレスは論理学を始めた人でもあります。アリストテレスは「同一律《どういつりつ》」「矛盾律《むじゅんりつ》」「排中律《はいちゅうりつ》」という三つの思考法を考えました。

同一律は、ものはそのもの自体に等しい、ということです。「川は川である」「木は木である」「モーツァルトはモーツァルトである」といったようなことです。

何を当たり前のことを……と思う人が多そうですね。しかしアリストテレスは、これを論理の法則の一つ目として挙げているのです。このことの意味は決して小さくありません。

同一律は数式では「A＝A」と表わすことができます。左右を「＝（イコール）」で結びつけているこの形は、数学的思考にもつながっていきます。

矛盾律は「Aであって、かつAでない」のは偽《ぎ》である、ということです。Aであるなら Aだよ。Aであって、Aでないというのはおかしい、矛盾しているよ、ということですね。たとえば「モーツァルトは人間であると同時に人間ではない」というのは偽といえます。

排中律は次のようなものです。一つのものがAという、ある状態または性質であるとします。その場合、そのものはAであるかAでないかのどちらかであるということです。たとえば「モーツァルトは生きているか生きていないかのどちらかである」は排中律です。

二千数百年も前に、なかなかややこしいことを考えたんだなと思う人もいるかもしれませんが、アリストテレスのこの論理思考はその後、ヘーゲルなどに反論されることがあったとはいえ、基本的には二千年以上の長きにわたって、西洋社会に支持されてきました。

「中庸」で幸せになる

アリストテレスの著作の一つに『ニコマコス倫理学』があります。正しい生き方や幸福などについてまとめられています。息子のニコマコスらが編集したため、書名に「ニコマコス」の名がついています。

幸福に暮らすためには倫理的徳を身につけることが大切であると、アリストテレスは説きます。それには、中庸をとることが重要であるとも言います。

「中庸」はほどよい状態のことです。たとえば「勇気」を考えた場合、怖がってばかりいては臆病になるし、思慮することなく、やみくもに突き進むのは無謀といえます。その中間あたりが適切な勇気になります。

「プライド」を考えると、あまりに欠けると卑屈になるし、過剰に持つと虚栄心が芽生えてしまいます。ほどよい度合いのプライドがあるはずです。

あるいは、汚いのが平気だったり、掃除がまったくできないような人は不潔になって、病気になってしまうかもしれません。反対に、きれい好きが度を過ぎると、つり革に触れないとか、一日に何回も手を洗わずにいられないなど、日常生活に支障が出るかもしれません。そうして考えると、ほどよい加減の清潔さがあるといえそうです。これも中庸のあり方です。

極端に走らずに、何事もほどよいバランスをとる。こうした生き方は心身の健康と幸福に役立ちそうです。

「カタルシス」の効果

著作『詩学』では「カタルシス」についても述べています。カタルシスはもともと、浄化や排泄を意味するギリシャ語です。そのカタルシスをアリストテレスは感情面でも使っています。

悲劇を観ると、感情移入して、日頃、心に抱いていた恐れや悲しみ、哀れみなどの感情が放出されて、心が軽やかになることがありますね。ネガティブな感情を出して、すっきりする感覚です。アリストテレスはこれをカタルシスと呼んだわけです。

歌舞伎役者の坂東玉三郎さんと話す機会があって、その際、坂東さんは「演劇では、悲しい場面は美しく演じる必要がある」とおっしゃっていました。「お客さんには、自分の悲しみも一緒に流していただきたい。悲しみを私たちはきれいな形でお見せすることが大事だ」とも。カタルシスの思想は二千年以上を経た今も受け継がれているのだと思います。

演劇に限らず、心を洗い流してくれるものは現代にもたくさんあります。映画、音楽、小説、漫画……そうした芸術や娯楽には、心を浄化してくれる効果も期待できます。

落ち込んだときや仕事や人間関係に行き詰まったときなどに、芸術や娯楽に接して、涙を流し、魂を今一度、新たにする。そうした行為は明日への力になるでしょう。

【古代ギリシャ哲学の3人】

「知らないことは知らないと思う、それだけで勝る」

ソクラテス

生没年……BC469頃～BC399
出身地……古代ギリシャ・アテナイ

祖国を愛し、アテナイ遠征軍に三度従軍。いつしか市場などで人々と問答をかわし、徳が何であるか探求するようになる。知っているふりをするより、自分のように知らないことを自覚しているほうがよいという意の「無知の知」を悟る。真理にたどり着くためのこの方法はのちに「問答法」と呼ばれ、哲学の基本となる。晩年は裁判にかけられ、死刑を宣告される。

主な著作：『ソクラテスの弁明』プラトン著。ソクラテスが告発され、裁判で弁明する中で、「問答法」「無知の知」など、ソクラテスの考え方や半生が綴られた。

「善のイデアこそ学ぶべき最大のものである」

プラトン

生没年……BC427～BC347
出身地……古代ギリシャ・アテナイ

アテナイの名家に生まれる。政治家を志すも、ソクラテスの弟子となり、その言動を伝える。ソクラテスの死後、放浪の旅に出る。帰国後、40歳でアカデメイアという学校を創設、哲学の研究と教育に力を注ぐ。それは900年続き、西洋哲学に絶大な影響をもたらす。現実に対し、どんなものにも永遠不変の真の姿があるといい、それを「イデア」と呼んだ。

主な著作：『国家』対話形式でソクラテスも登場。「イデア」を中心に存在論や認識論が展開され、理想の国家を実現するためには哲人王が必要であると主張。

「人間にとって最善の生き方は「中庸」をとること」

アリストテレス

生没年……BC384～BC322
出身地……古代マケドニア王国・トラキア地方・スタゲイロス

17歳の頃、アカデメイアに入門。約20年間プラトンに師事。徳のあり方について、程よい状態の「中庸」がよいと説く。プラトンが理想を追求したのに対して、経験と観察を重視した現実主義を貫く。学園リュケイオンを創設し、後のアレキサンドロス大王の家庭教師を務める。哲学のほか、論理学、倫理学、自然学、政治学などを集大成したことから「万物の祖」と呼ばれる。

主な著作：『ニコマコス倫理学』のちの全倫理学の基本となった倫理書で、「正しい生き方」について検討。アリストテレスの著書を息子のニコマコスが編集した。

ソクラテスの「問答法」

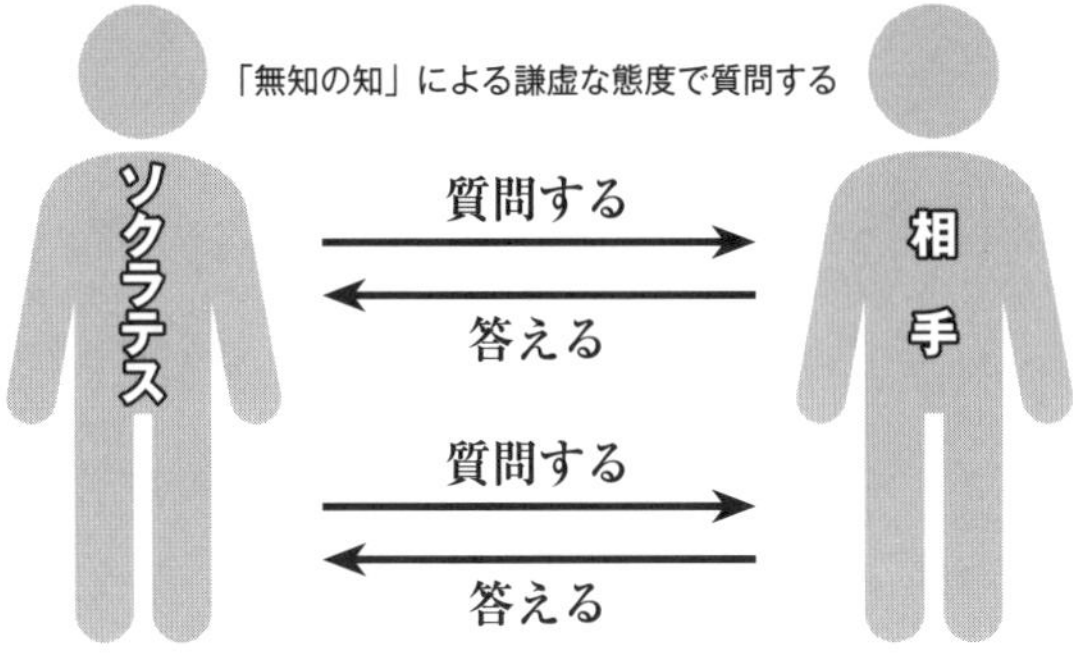

問答しながら相手の無知を自覚させ、真の知識を探ろうとさせる

プラトンの「イデア」

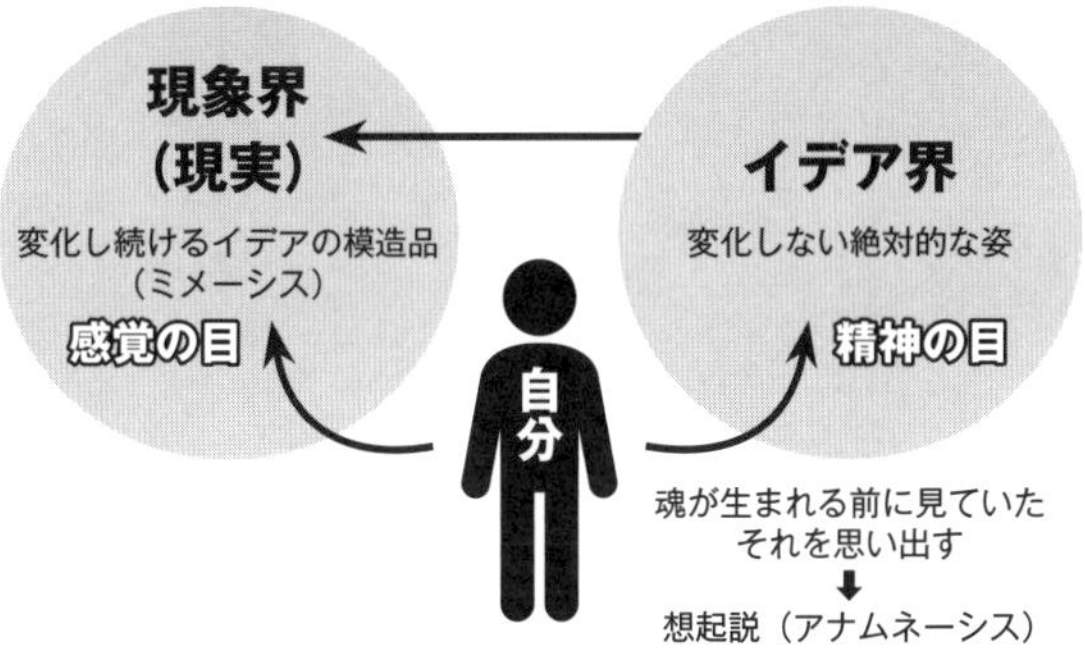

その後、アリストテレスは、物や生き物の本質はイデアではなく、それぞれの個体にあると考えた

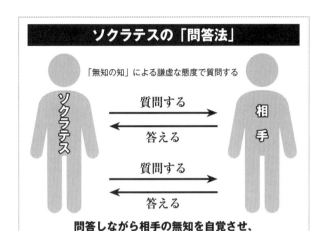

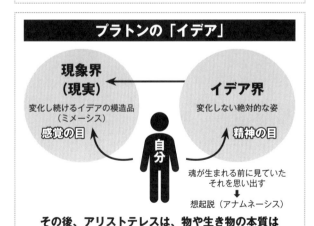

【2】イギリス経験論

フランシス・ベーコン　偏見を退け、本当の知を獲得する

知は力になる

イングランド生まれのベーコン（1561年～1626年）は「イギリス経験論」の創始者といわれます。ベーコンは人間の認識の根拠を理性ではなく、経験に求めました。「知は力なり」は、ベーコンのよく知られた言葉です。

実験や観察を行なうと、自然の仕組みがわかってきて、知識が増えていきます。そうなると、人間がより豊かに幸せになることもできると、ベーコンは考えました。

イギリス経験論はデカルトから始まった「大陸合理論」としばしば対比されます。片や経験、片や理性に重点を置きますが、中世のスコラ哲学などに比べると、軸足はどちらもキリスト教からかなり離れています。

キリスト教に対する信仰はその人のアイデンティティーになるし、信仰には人を強く

するという側面もあります。

しかし、キリスト教は自然や世界の仕組みを適切に教えてくれるものではありません。世界をつくったのは神である、という考えに基づいているため、議論をそれ以上先に進めることができません。

そうしたキリスト教やスコラ哲学の縛りをベーコンやデカルトの思想は解き放っていきました。

正しく知ることを邪魔する「イドラ」

正しい知識を得ようとしても、偏見や先入観、思い込みが邪魔をすることがあります。こうした偏見や先入観などをベーコンは「イドラ」と呼びました。

イドラには「種族のイドラ」「洞窟のイドラ」「市場《いちば》のイドラ」「劇場のイドラ」の四つがあります。

「種族のイドラ」は、人間という種族に固有の偏見や先入観で、人間が生来持っている感覚などによって生じます。

たとえば、地動説と天動説のどちらが正しいか。私たちの感覚からすると、どう考えても、天動説のほうが正しいように思えます。感覚的には、太陽や月などの星が地球の周りを回っているように見えるからです。

ものや事柄を擬人視するのも、種族のイドラに入りそうです。雷が起こると、天が怒っていると考えるのは、そのように感じるからでもあります。しかし、雷は自然現象で、今では科学的に説明することができます。

「洞窟のイドラ」は、狭い洞窟の中にいるように、親の考えや担任の先生の教え、読んだ本などに影響を受けて形成される偏見や先入観です。

たとえば、大金持ちの家に育った人は、毎週一回は高級レストランで家族で食事をするのが当たり前と思うかもしれません。あるいは、大学生になれば、自動車の1台や2台、親に買ってもらうことは当然のことと思ったり。しかし、そうしたことは、今の日本で当たり前といえるようなことではありません。

歴史を見ても、洞窟のイドラはありそうです。幕末から明治時代初期に福沢諭吉たちがアメリカやヨーロッパに行った際、見た目や体格があまりに違って見えるため、現地の人から「日本人は本当に口からものを食べるのか」と聞かれたそうです。当時の欧米人は、それほどまでに日本人に対して理解できていなかったということでしょう。これも、当時の欧米人の洞窟のイドラといえるかもしれません。

自分の狭い世界や価値観だけでは、見えないことがあることを知っておいたほうがよいでしょう。

イドラは今も社会を覆っている

三つ目は「市場のイドラ」です。多くの人が集まる市場では、いろいろなうわさ話が飛び交います。うわさ話には、間違っているものもあるだろうし、聞き違いや伝言ミスも生じそうです。しかし、そうした話を信じる人も多く、間違った情報が拡散されていくこともあります。そうして生じた偏見や先入観が市場のイドラです。

今の世の中でも、市場のイドラは日々起きていそうです。特に問題なのは、インターネット上で起きていることです。

たとえば、SNS（ソーシャル・ネットワーキング・サービス）には、不確かな情報やデマも溢れています。さらに、それらが拡大して、誰かを誹謗中傷するような事態もしばしば起きています。400年ほど前にベーコンが唱えた市場のイドラは、現代の私たちにとっても、大きな問題であるといえます。

四つ目は「劇場のイドラ」です。古代ギリシャでは、中央に代表者が立って話すことがありました。また演劇では、多くの人が見つめる中、主人公が活躍します。私たちはそうした代表者や主人公に惹きつけられ、敬意を持つようになります。

劇場で話す人や演劇の主人公は、権威や伝統に置き換えることもできます。とすると、人は権威や伝統に弱い存在でもあるということです。

しかし、権威や伝統がいつも正しいとは限りません。間違っていることもあるのに、鵜呑《うの》みにして、偏見や先入観を持つようになることもあります。こうして生まれた偏見や先入観が劇場のイドラです。

たとえば、テレビの情報番組でコメンテーターが発言していたとします。その人はその分野の専門家です。となると、「専門家の言うことだから」と、どんなことであっても、その人の言うことをすべて信じてしまう視聴者もいるかもしれません。それでは、自分の頭で考えたり、確認したりすることが欠けていることになります。

帰納法とは？　演繹法とは？

では、偏見、先入観、思い込みといったイドラを退け、本当の知を獲得するにはどうしたらよいのでしょうか。そこで、ベーコンは「帰納法《きのうほう》」という方法を提案しました。帰納法は、実験や観察、経験によって得た個々の具体的な事例から、一般的な法則を導く方法です。

たとえば「キリンの体はどんな模様をしているか」を知る場合、1頭や2頭程度を見て判断しないで、10頭、20頭、30頭……とできるだけ多くのサンプルを集めて、一般的な法則を導きます。

あるいは、武田信玄は死んだ、上杉謙信も死んだ、織田信長も死んだ、豊臣秀吉も死んだ、徳川家康も死んだ。だから、人間は死ぬ。……このように考えるのも帰納法的思考です。

一方、デカルトは「演繹法《えんえきほう》」を唱えました。演繹法は一般的・普遍的な理論から特殊なものを推論する方法です。

たとえば、すべての人間はいずれは死ぬ。だから、天下を統一した豊臣秀吉であっても、必ず死ぬ。……このように考えるのは演繹法的思考です。

ベーコンは帰納法を考え、デカルトは演繹法を考えました。2人のアプローチの仕方は異なりますが、真理を導き出すための思考法である点では変わりません。そして、キリスト教の価値観が絶対だった中で、ベーコンやデカルトなどの哲学が近代への扉を開いていくことになります。

イドラと帰納法で考えてみる

今の時代は、意外に帰納法的思考が欠落しているかもしれません。

たとえば、2~3人程度の若者が少し悪ふざけをしたところを見て、「だから、今どきの若者はダメなんだ。まったくけしからん」などと、したり顔で話す中高年の人がいます。でも、それでは、あまりにサンプルが少なすぎます。

あるいは、新入社員の1人が挨拶をしなかったことに腹を立て、「今どきの若者は挨拶もできない。まるでなっていない」などと決めつけるのも、やはり早計です。

ベーコンであれば、こういう中高年に対し、「それはイドラだよ。もっとたくさん、しっかり見てから、判断しなさい」と言うかもしれません。

とはいえ、どれだけの数を見たり経験したりすればよいのか、という問題もあります。できるだけ多くのサンプルといわれても、限度はあります。となると、ある程度のところで、ある程度の法則を導き出して、その後、修正を加えていくという方法が現実的に思えます。

偏見、先入観、思い込みといったイドラに引っかかってしまうと、正しい知識が得られず、適切な判断ができなくなってしまうかもしれません。そうしたとき、ベーコンの思考法は役立ちます。

それは思い込みにすぎないいんじゃないか。それは事例が少ないいんじゃないか。しっかり見て、検討したのか。……物事を見る目や判断力は、イドラと帰納法を意識することでも磨かれるでしょう。

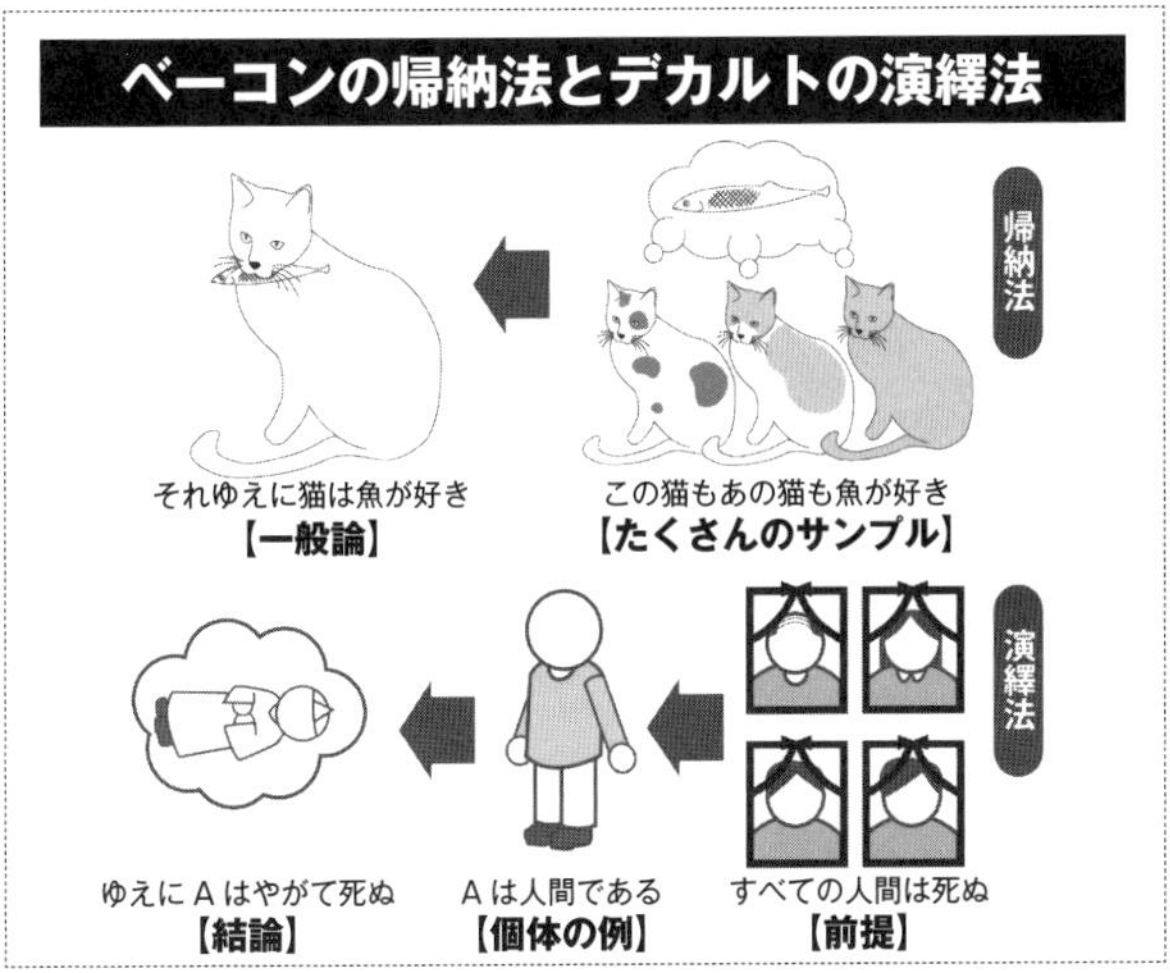

ベーコンの帰納法とデカルトの演繹法
帰納法
この猫もあの猫も魚が好き
【たくさんのサンプル】
それゆえに猫は魚が好き
【一般論】
演繹法
すべての人間は死ぬ
【前提】
A は人間である
【個体の例】
ゆえに A はやがて死ぬ
【結論】

ジョン・ロック、ジョージ・バークリー、デイヴィッド・ヒューム 過去にとらわれず、前向きに生きる

白い紙に経験が書き込まれていく

ロック（1632年〜1704年）、バークリー（1685年〜1753年）、ヒューム（1711年〜1776年）の3人についても触れておきましょう。

ロックは哲学、政治学、法学など多様な分野で活躍しました。フランス革命やアメリカ独立宣言にも、ロックの思想は大きな影響を与えています。そのロックは、イギリス経験論の大成者でもあります。

ロックは人間を「タブラ・ラサ」という言葉で表現しました。タブラ・ラサはラテン語で、「何も書かれていない板」のことです。

ロックによると、人間は何も書かれていない白紙の状態で生まれてきて、いろいろな経験をします。そうした経験が白紙に書き込まれていくことで観念が生じると、ロックは考えたのです。赤ん坊などを見ていると、実感としても納得できる考え方です。

しかし、ロックがいた当時のヨーロッパでは、タブラ・ラサのように考えるのは珍し

いことでした。というのも、人間の知性は神によって与えられたと考えるほうが一般的だったからです。その思想にロックは異を唱えたことになります。

知覚できないものは存在していないか

哲学者で聖職者でもあるバークリーは「存在するとは知覚されることである」という言葉を残しています。

知覚されることで存在しているとは、妙なことにも思えます。逆にいうと、知覚されていないと存在していないことになるのですから。

ただ、次のようなことも考えられます。たとえば、視力が非常に悪い男性がメガネをかけずコンタクトレンズもつけずに、食卓についているとします。目の前のテーブルには蚊が止まっています。しかし、この男性にその蚊はまったく見えていません。においも音も感じないから、知覚できていない状態です。この場合、果たして蚊は存在していることになるのでしょうか。

あるいは、誰もいない場所で、誰も住んでいない古い家が倒壊したとします。その家は存在していたことになるのでしょうか。

この場合の蚊も家も、バークリーの考えからすると、存在していない（存在していなかった）ことになりそうです。

やはり、妙な考えにも思えるかもしれませんが、物事は自分にとってどうかが大事であることを考えると、得心できる思考法にも思えます。

では、人間が知覚していないものは、すべて絶対に存在していないのでしょうか。この疑問に対して、バークリーは神が万物を知覚しているから存在している、と考えます。このあたりは聖職者らしい思考法に思えます。

人間は「知覚の束」であるからこそ、前向きになれる

哲学者で歴史家でもあるヒュームは「人間とは知覚の束《たば》にほかならない」という言葉を残しています。「人間は知覚の束でできている」ということですが、これもまた何やらすんなりとは理解しにくい思考かもしれません。

人間には、聴覚や視覚、触覚などの五感があります。その五感を使って、一瞬一瞬、毎秒毎秒、何かしらを感じながら生きています。

たとえば、夏に外に出れば「暑い」と感じ、夏祭りの太鼓の音が聞こえてくれば「楽しそう」と思い、出店《でみせ》のお好み焼きのにおいが漂ってくれば「おいしそう」と思いそうです。これはその瞬間瞬間を知覚して生きているともいえます。そうした「今の瞬間の知覚が集まったもの」が知覚の束です。

「そういえば、冬はセーターを着て、ジャンパーも着てたんだよな」

夏のあるとき、こんなことをフト思ったことはないでしょうか。

あるいは反対に、冬に、

「夏はTシャツを着て、短パンをはいて、ビーチサンダルでコンビニに行ってたんだよな」

そのようなことを思ったことはないでしょうか。

夏には冬の自分がピンとこなく、冬には夏の自分がピンとこない。私はときおりそうしたことを感じます。少し不思議な感覚です。これは今の自分の知覚が過去の自分の知覚と異なるために覚える違和感かもしれません。

旅行に行ったときも、知覚の違いを感じることがあります。たとえば、沖縄に行くと、時間の流れが変わって、非常にゆったりした心持ちで過ごせます。東京で仕事をしているときは、キリキリしながら仕事をしていることが多いので、対照的な時間の感じ方です。同じ自分でも、東京で仕事をしている自分と、沖縄に旅行に出かけているときの自分では、知覚の束がだいぶ違うのだと思います。

そうして考えると、自分という実体は、金《きん》太《た》郎《ろう》飴《あめ》のように同様に存在するのではなく、今の瞬間を五感で知覚し、経験することで存在するものなのかもしれません。

今、この瞬間の「知覚の束」が自分であると考えると、必要以上に過去を引きずるのが愚かしくなります。

「もう年が明けたんだ。去年の失敗にいつまでもこだわるのはやめよう。今年の1月は今年の1月を生きよう」

「知覚の束」を意識すると、そのように気持ちを新たにする発想も出てくるでしょう。

春には春の体がある。夏には夏の体ある。秋には秋の、冬には冬の体がある。そうした季節の身体性を意識し、五感をフルに使って、日々の出来事を知覚しながら生きるのもよいでしょう。

「人間は知覚の束である」と考えると、過去にとらわれず、今を生きよう、という前向きな気持ちにもなりそうです。

【イギリス経験論の4人】

「知識は力なり(Knowledge is power)」
「最上の証明とは経験である」

ベーコン

生没年……1561～1626
本　名……フランシス・ベーコン
出身地……イングランド王国・ロンドン

12歳でケンブリッジ大学に入学、23歳で国会議員になるなど、若くして才能を発揮。一度は失脚するも、政治家、思想家としてさまざまな分野で功績を残す。従来のスコラ哲学で重視された論理だけで真理を追求する方法と違い、実験や観察を経た経験から共通するものを見つけ、一般的な法則を導いた。ベーコンはこの「帰納法」を用いて真理を追求し、近代的な学問としての「経験論」に至る。また物事を正しく判断するために「イドラ」という概念を築く。

主な著作：『ノヴム・オルガヌム』「新しい道具」という意味の書名はアリストテレスの『オルガノン』を意識。帰納法によって人の叡智は高められると説く。

4つの「イドラ」

知識はすべて経験によって得られる
正しい知識を得ることを妨害する思い込みや偏見をイドラと呼ぶ

①種族のイドラ…… 五感の錯覚や心理的錯覚など人間という種族の特性に由来

②洞窟のイドラ…… 家庭環境や個人的な体験、本など育った境遇による狭い考えに由来

③市場のイドラ…… うわさ話やインターネットなど真偽が不完全な情報に由来

④劇場のイドラ…… 定説や学説、人気作品の情報など、権威のある人や有名人の言葉に由来

4つのイドラ(思い込みや偏見)が正しい知識を妨害する

「心は文字をまったく欠いた白紙で、観念は少しもない」

ロック

生没年……1632～1704
本　名……ジョン・ロック
出身地……イギリス・サマセット州

ホッブスの社会契約説の考えを引き継いだ哲学者、政治哲学者で、近代的な民主主義の基本理念を打ち立てた人物とされる。人間の観念は生まれつき備わっているというデカルトに対し、さまざまな事柄が人間の五感を刺激し、印象を与えることで観念が生じられると主張。五感を通じて得られた経験によって、後天的に形成されていく立場を「イギリス経験論」と呼ぶようになる。

主な著作：『人間悟正論』「イギリス経験論」を確立した認識論。観念はもとから備わっているものではなく、人間の経験で複合的に得られると論じた。

「存在するとは知覚されることである」

バークリー

生没年……1685～1753
本　名……ジョージ・バークリー
出身地……アイルランド・キルケニー

幼少時から神童と呼ばれ、ダブリンのトリニティ・カレッジに学び、若くして牧師になる。ロックが「二次性質」(形、長さ、重さなどは存在するが、色や匂い、味などは存在しない）を説いたのに対し、「知覚の一元論」（知覚しなければ物質的に存在しない）を説いた。人間が知覚していなくても神が知覚しているから存在するという説は、聖職者たる所以である。

主な著作：『人知原理論』あらゆるものは精神の中で知覚されただけに過ぎないと説く、『イギリス経験論』に即した観念論。バークリーが20代のときに書かれた。

「人間とは知覚の束にほかならない」

ヒューム

生没年……1711～1776
本　名……デイヴィッド・ヒューム
出身地……スコットランド・エジンバラ

「イギリス経験論」を代表する哲学者だが、先に著述家として知られ、歴史家としても成果を上げげた。自分の存在は想像上の産物で、知覚がめまぐるしく移り変わるものに過ぎず、知覚が集まった瞬間の束のみが「私」だと定義した（知覚の束)。心の実存から自然科学の因果法則まで否定し、さらに無神論に近い主張を展開し、西洋社会に大きな衝撃を与えた。

主な著作：『人性論』理性は情念の奴隷であり、道徳も快や不快の感情で判断されると説く。カントをして「独断のまどろみ」から目覚めさせたといわしめる。

【3】近代哲学の三巨頭

ルネ・デカルト　理性的存在としての自立

理性を正しく導いて、真理を探究するために

デカルト（1596年〜1650年）、カント（1724年〜1804年）、ヘーゲル（1770年〜1831年）。この3人は近代哲学の巨人です。「近代哲学の三巨頭」と呼んでよいでしょう。

まずデカルトについてです。デカルトに関してはすでに触れていますが、ここでは彼の思想と思考にさらに踏み込んで考えていきます。

デカルトといえば、「我思う、ゆえに我あり」のほかに、彼の著作『方法序説』を思い起こす人も多いと思います。「コギト・エルゴ・スム」、つまり「我思う、ゆえに我あり」も『方法序説』に載っている言葉です。

何のための方法の序説かというと、「理性を正しく導き、学問において真理を探究するため」の序説です。私たちが理性を中心に生き、その理性を武器にして、一歩ずつ学問の真理を探究する方法を述べているのです。

当時の学術的な文章はラテン語で書かれるのが一般的でしたが、『方法序説』はフランス語で書かれています。市井《しせい》の人たちに向けて書かれたことがうかがわれます。日本語に訳されている『方法序説』は、文庫本で100ページほどで、長くありません。しかし、そこから学べることは、今の私たちにもたくさんあります。

すぐに活かせる四つの思考法

デカルトは『方法序説』で、考えるための方法論を説きます。その要点は次の4点です。

①明証性の規則……根拠や証拠を明示して、証明できる事柄以外は受け入れない。注意深く考えて、速断と偏見は避ける。

②分析の規則……難問を理解するために、その難問を小さく分割する。

③総合の規則……思考は順序立てて進める。単純なものから複雑なものへと思考していく。

④ 枚挙の規則……最後に、すべてを列挙して、見落としがないか、再検討する。

デカルトの思考法をしっかり学んでいれば、オレオレ詐欺の被害に遭うことはないと、第1章で書きましたね。それは「① 明証性の規則」からもいえます。注意深く考えて、速断、つまり早まった判断を避ければ、オレオレ詐欺に気づくことができるはずだからです。

仕事や家事が忙しく、時間に追われるようなこともあります。イライラして、家族や友人にあたってしまうこともあるかもしれません。そうしたときは、たとえば「③ 総合の規則」を使って、簡単なことを速やかに終えて、難しい課題へと進んでいくことを考えるとよいかもしれません。

あるいは、会社で大きなプロジェクトのリーダーに指名されたとしましょう。自分の能力を超えるような大きな仕事で、精神的に押しつぶされそう。そうした場合、「② 分析の規則」と「③ 総合の規則」を活用して、そのプロジェクトに向き合うこともできます。たとえば、次のように考えます。

「このプロジェクトはA、B、Cの三つに分けることができる。Aはさらにaとbの二つに、Bはcとdの二つに、Cはeとfとgの三つに分けられる。この中で、最も取り組みやすいのはB、最も困難な内容を含んでいるのはCだな。となると、Cに多くの人員を投入しよう。まずはBを速やかに進めて、Bが終わったら、Bの人員もCに回そう」

このように考えると、巨大なプロジェクトの中身が見えてきて、取り組みやすくなります。もちろん「④枚挙の規則」を使って、再チェックすることも重要です。

「これくらいのことは常識だよな」と思う人もいるかもしれませんが、常識になっているのなら、オレオレ詐欺が全国で起こるような事態になっているはずはありません。時間に追われて、あたふたする人も、もっと少ないように思います。４００年近く前にデカルトが提唱した思考法を現代の私たちが活用しきれているとはいえないでしょう。

デカルトと福沢諭吉の共通点

ここで再び「我思う、ゆえに我あり」を考えてみます。これは「私は考える、だから私は存在する」ということです。

改めて考えると、少し妙な感じもします。というのは、一般的には「私は存在している、だから考える（考えることができる）」ではないかと思うからです。あるいは、考えることをやめても、存在することはできます。その意味では、「私は考える、だから私は存在する」はおかしいといえます。

この点、デカルトの真意はどこにあるのでしょうか。デカルトは、肉体としてここにあるという意味で「ある（存在している）」と言っているわけではありません。そうではなく、「理性的存在として、ここに確固とした自立した近代的自我がある」、つまり「自立している」という意味で「ある（存在している）」を使っているのだと思います。

「自立」は「独立」に通じます。福沢諭吉は著作『学問のすゝめ』で「一人一人が自分の考えをしっかり持って学問し、知力を持って、自分で物事を判断できるようになりなさい」といった旨を説いています。これはいわば「独立のすすめ」です。

古い因習を吹き飛ばせ、自分一人で立つ気概を持て、自分の頭で考え、自分の足で立て。こう説き続けます。

福沢は西洋思想の影響を多大に受けています。その源流の一つには、デカルトの思想があります。

今の私たちは、政治や経済などさまざまな分野で、福沢の思想の影響を受けて暮らしています。ということは、私たちはデカルトの思想の影響も多分に受けているのです。

ただ一方では、その思想や思考法を活かしきれていないところもあります。デカルトの思想と思考法を学び直し、「理性」「自立」「独立」について再考することは決して無駄ではありません。そうした行為は、私たちの暮らしをいっそう実りあるものにしてくれるはずです。

イマヌエル・カント　自分の枠組みを外して物事を見る

人間は物自体をとらえることはできない

カント（1724年~1804年）も哲学界の巨人で、その思想は多岐にわたります。その一つ、定言命法については第1章で紹介しました。ここでは定言命法以外で、私たちが活用できそうなものを幾つか紹介してみます。

まず「物自体」という概念についてです。「物」はわかるけれど、「物自体」って、何？　と思う人もいるでしょうね。腕時計という物はわかるけれど、腕時計という物自体って何？　とか。

結論を先に書くと、「人間は物自体を認識することはできない」と、カントは考えました。どういうことか、例を挙げながら、説明してみましょう。

近視の人が裸眼で見る世界とメガネをかけて見る世界は、違って見えますね。裸眼だとボヤーッとして見えるでしょうが、メガネをかけて見てみると、クッキリと見える。視力のよい人でも、茶色のサングラスをかけてあたりを見てみると、全体が茶色がかって見えます。

あるいは、酔っ払っているときは、世の中が素面《しらふ》のときとはまた違って見えたりします。泥酔すると、まっすぐであるはずの電信柱が曲がっているように見えるかもしれません。

でも、考えてみると、裸眼で見る世界とメガネをかけて見る世界のどちらがその物の本当の姿なのかわからないですね。サングラスをかけていないときと、かけたときも同様だし、酔っ払っているときに見ている世界がもしかしたら本当の世界かもしれません。

飼い主と飼い犬が同じ場所にいても……

ニュートリノという、宇宙から降り注いでくる素粒子があります。ニュートリノの質量はごくわずかで、人間の目には見えません。

ニュートリノはどんなものでも通り抜けてしまいます。腕時計も自動車も人間の体も、地球までも。

私たちにはその様子は見えませんが、もしその状態が見える生物や宇宙人などがいたら、どうでしょうか。その上、その生き物は聴力と嗅覚が発達していないとしたら。

そうなると、その生き物にとって人間は、ニュートリノのような粒子が通り抜けている物体にしか見えないかもしれません。自動車や自転車、犬や馬と形や大きさは違うけれど、同じように動いたり止まったりする物体にしか見えないかもしれません。

人間は人間の五感の世界の中で生きています。視力や聴力、嗅覚の力は、その動物によって、ずいぶん異なります。

たとえば、犬の嗅覚は人間のそれより約1万倍（あるいは、人間の1000倍〜1億倍）あるといわれます。一方では、犬は視力が弱い動物です。となると、飼い主と飼い犬が一緒に散歩していても、まったく別の世界を生きている可能性があります。

アメリカの小説家のポール・オースターに『ティンブクトゥ』という小説があります。『ティンブクトゥ』の主人公は犬のミスター・ボーンズで、犬と人との交流が描かれています。

ミスター・ボーンズにいろいろなニオイを嗅《か》いでもらおうと、飼い主のウィリーはミスター・ボーンズをいろいろな場所に連れていきます。

いろいろなニオイを嗅いで味わうミスター・ボーンズ。ウィリーにとっては、まるでわからない世界ですが、犬のミスター・ボーンズにとって、それはまさにシンフォニーのよう。ニオイの交響曲が満ちているのです。

五感のうち、人間は視覚に頼る部分が大きく、犬は嗅覚に頼る部分が大きい。となると、同じ時に同じ場所にいても、見えている物、生きている世界は違っているのかもしれません。

人間にとっての木、ダニにとっての木

『生物から見た世界』（ユクスキュルとクリサートの共著）という本には、ダニから見た世界も描かれています。

動物の血を吸って生きているダニは、目も見えず、耳も聞こえないそうです。では、どうやって動物に取り付くかというと、哺乳類の皮膚腺から漂い出る酪酸《らくさん》のニオイを嗅覚でとらえるのです。そして、温度感覚で動物を察知して、木の枝などから動物の下に落ちます。さらに触覚によって、毛のない場所を探して、その動物の血を吸うのだそうです。

動物につくのに失敗すると、ダニはまた木に登ります。そして、いつ通るかもしれない動物を再び待つことになります。

私たち人間は、日々、木を見ていますね。同じ木でも、春の木、秋の木など、木が芽を出したり葉が枯れたりする姿を見ます。そうして、主に視覚で木を認識しています。ダニは目が見えないから、木を見ているとはいえないでしょうが、ダニにとっても、木は存在しています。しかしダニの生態を知ると、木のとらえ方は、人間とはまるで違うことに気づかされます。

そこに物があるけれど、その物を私たち人間は、本当にとらえることができているのか。

たとえば、松の木がそこにあったとして、その松の木のとらえ方は人とダニでは違う。犬もまた違う。猿も違うかもしれないし、猫も牛もカラスもバッタもクモもトカゲも、それぞれ違うかもしれない。それぞれの生物が認識している「その物」は違う可能性があるのです。

同じ人間同士でも、たとえば画家のモネが描いた作品を観ると、その物の見方に驚かされます。

フランスにあるルーアン大聖堂はドッシリしているように見えるかもしれませんが、モネが描いたルーアン大聖堂は光の中に溶けているようにも見えます。同じ対象物を、人間が見ても、その人によって違って見えるし、違うように表現するということでしょう。

認識するから物が存在する

それぞれの生物、それぞれの人が、それぞれ各自、物を認識している。物自体には至れないけれど、各自が認識している。

ということは、「対象（客観的世界）は認識に依存している」ということです。あるいは「対象は認識に従う」と言ってもよいでしょう。「認識が対象に従うのではない」ということでもあります。「認識∨対象」という関係です。

でも、普通に考えると、対象つまり客観的世界があって、認識がありますね。木という対象があって、その木を認識する。これが一般的な感覚です。

しかし、そうではなく、認識するから物が存在すると考えた、この認識論をカントは自ら「コペルニクス的転回」と呼びました。従来あった対象と認識の関係を逆転させたとして、天動説を地動説に変えたコペルニクスの偉業になぞらえたのです。

さらに、人間には「アプリオリ」があると、カントは言います。アプリオリは、経験しなくてもすでに持っている先天的、自明的な認識のことです。人が生まれたときから有している共通したとらえ方のようなものです。

たとえば「時間とはこんなもの」とか「物事には原因がある」とか、経験しなくても、見たことがなくても、先天的にプログラミングされている認識です。そういう先天的な認識のプログラミングが人間にはあると、カントは考えたのです。このアプリオリによっても、対象は認識されることになります。

認識が対象に優先するなら、やはり人間の見方には限界があります。人間の五感（あるいは五官）でとらえられるものには限界があるからです。だから、物自体を人間は認識できないのです。

これはやはり、衝撃的な思考法だったでしょう。人類は長年、そこにある物の客観性と、その物を認識している自分の主観性は一致しているはずだと思っていたでしょうから。しかし実は、そうではない、とカントは言ったわけです。

自分の枠組みを外して見る

私たちが何かしらの事物を見る場合、ある枠組みの限度があるのなら、意識的にその枠組みを外した上で対象物を見るように心がけるのもよいかもしれません。

たとえば、ペットとして犬を飼っている人は、自分が犬によかれと思ってしていることは本当に犬によいことなのか、改めて考えてみる。人間の視点からしか考えていないか、犬の立場に立てば、どうだろうか。そういうことを考えてみるのです。

過去には、大人が子どもの立場に立って、物語や歌をつくる運動を展開したこともあります。大正時代の1918年に創刊された『赤い鳥』がそれで、大人が子どもに読ませたい話というより、子どもが読んだり歌ったりして楽しくなりそうな読み物や童謡を作家たちが創作していました。

これはいわば、大人たちが自分たち大人の立場や視点を外して、〝子ども目線〟で考えようとしたことなのだといえます。そのおかげで、児童文学や童謡が子どもたちに楽しまれるようになっていきました。

人間が物を見る目、自分が物を見る目には限界があることをまず知って、見方を変えるとどうなるかを考える。物自体はわからないかもしれないけれど、できる限り自分の枠組みを外して、物事を見てみる。そうすることで、新たな発見や道が開けてくることもあるでしょう。

G・W・フリードリヒ・ヘーゲル　知恵を出し合い、行動に移す

弁証法で理想に近づく

ヘーゲル（1770年〜1831年）の思考法では、やはり「弁証法」は欠かせません。弁証法に関しては第1章でも紹介しましたが、ここではまた違った視点から考えてみます。

弁証法という概念は古代ギリシャ時代からありましたが、ヘーゲルが考えた弁証法は古代ギリシャのそれとは異なります。ヘーゲルのいう弁証法は、何かの問題を解決する際に、対立する二つの事柄を切り捨てることなく、より良い解決法を見つけ出していく思考法です。

「正」と「反」という二つの対立する命題があった場合、正も反も切り捨てずに、統合して、「合」という解決法を見つけ出します。「正→反→合」、ドイツ語でいえば、「テーゼ→アンチテーゼ→ジンテーゼ」という流れです。こうして、より良い解決法、より望ましい状態になることを「止揚」、ドイツ語では「アウフヘーベン」と言います。

弁証法を行なうと、人は一つ高い次元の知識が得られるなど、1段、上の段階に進むことができます。2回行えば2段、3回行なえば3段、上の段階に進めます。こうして

弁証法を繰り返すことで、人間の思考は絶え間なく進化していけるとヘーゲルは考えました。

さらにこのことは、一人の人間に関してだけでなく、人間の歴史や世の中全体にも当てはまります。ヘーゲルによると、人間の知識や認識も、歴史や社会のありようも、弁証法を行なうことで、理想のあり方に近づいていくことになります。

歴史を弁証法で考える

ヨーロッパの歴史は、奴隷制の古代、教会が絶大な権威を持っていた中世、絶対王政、市民革命を経て共和政へ……と、大きくとらえることができます。

奴隷のいる世の中はイヤだなとか、教会が威張っている社会はおかしいよねとか、王様に権力が集中しているのはヘンだよなどと、現代の私たちの多くは思いそうです。

ヘーゲルは著作『精神現象学』の中で、「人間の本質は自己意識の自由にある」「人間は誰しも自由でありたいという本性を持っている」といったことを述べています。そしてヘーゲルは、弁証法によって、自由を獲得したり実現したりする過程が歴史になると言います。

奴隷制の廃止、教会からの自由、絶対王政の打倒……。確かにこうした歴史は、多くの人が自由を獲得してきた歴史でもあります。その際には、矛盾点や問題点を少しずつ統合しながら解決し、進化してきたということです。

日本の歴史でも、たとえば江戸時代には、殿様が切腹を命じると、家臣は弁解もできずに切腹しなくてはいけないようなこともありました。江戸時代には優れた点がたくさんありますが、今の私たちからすると、理不尽に思えることも起こっています。

ヨーロッパでは理不尽というか、あまりに凄惨で残虐なことが数百年にわたって起きたことがあります。それは15～17世紀を中心に起きた〝魔女狩り〟の嵐です。多くの無辜《むこ》の民《たみ》が拷問され、むごたらしく殺されていきました。

現代でも悲惨な出来事は起きているし、今のように民主主義国家が広がる手前には、ファシズムが世界を覆って、世界的な大戦争を巻き起こしたこともあります。

とはいえ、総じていえば、ヘーゲルのいうように、歴史は矛盾点や問題点を統合しながら、多くの人が自由を獲得してきているように思えます。

ヘーゲルが歴史にも大きな関心を寄せた背景には、フランス革命があります。ヘーゲルが生きた時代のドイツは、まだ封建的な専制政治が行なわれていました。

そうした中で、自由、平等、博愛を掲げて絶対王政に反旗を翻したフランス革命は、若かりしヘーゲルに大きな影響を与えます。思想の勝利、理性の勝利に見えたことに加えて、歴史を動かし、歴史の進化の最終段階的な勝利にすら見えたようです。

その後、フランスのナポレオンがプロイセン（ドイツ）を征服して、城に入る姿を目撃すると、「世界精神が馬に乗って通る」とまで言いました。

「世界精神」は「完全な認識能力と絶対の自由を持った『絶対精神』が歴史の中に姿を現わしたもの」といったような意味で使われています。ただ実際には、ナポレオン後のヨーロッパは〝ナポレオン以前〟の状態に戻そうとする保守反動の嵐が吹き荒れたこともありました。

日本は進歩しているか

人間社会には常に新たな問題や矛盾が起きて、私たちはその解決を迫られます。

たとえば日本は、１９７０年代に「一億総中流」と呼ばれる時代を迎えました。この頃は、私の家も周りもどんどん豊かになっていくことを私自身、実感しながら過ごしていました。

しかし今、日本では、中流よりも下にいると実感している人がずいぶん増えました。多くの富をごく一部の人が持つ傾向が70年代、80年代よりも今は強まりました。

リストラという名の解雇が横行して、派遣社員やパート、アルバイトといった、低賃金ですむ人員を多用し、人件費を抑えるような会社が増えたことが背景にはあります。

かつて日本の累進課税率は著しく、そのことが経済格差を抑える役目を果たしていました。莫大な所得があっても、多額の税金を納める仕組みがあったため、大金持ちが生まれにくい社会でもありました。

しかし今は、税制も変わり、所得税の累進課税率もかつてよりだいぶ緩和され、格差は広がる傾向が続いています。さらに、タックス・ヘイヴン（租税回避地）を活用して、納税を逃れようとする企業や経営者まで出てきています。

松下幸之助氏など、かつての経営者は自分や自社の利益だけでなく、日本人全体、社会全体のことを考えて、経営にあたっていました。そして、多くの税金を納めることは喜びであり、誇りでもありました。今、そのように考える経営者はどれぐらいいるでしょうか。

一億総中流の時代には、男女とも20代で結婚するのが一般的でしたが、その後は晩婚化が進み、最近では非婚化現象も進んでいます。「結婚しない」という意志を持って、結婚していない人もいるでしょうが、経済的に自立できないために「結婚できない」人たちも大勢いる現状があります。

少子化なのに、保育所（保育園）には入れない「待機児童」の問題も起きています。高齢者にお金を給付するといった政策がなされることがありますが、そのお金を保育所をつくることに回せば、保育所不足はほぼ解決するはずです。しかし、高齢者から「私たちは要らないから、子育てに使ってくれ」などという動きがなかなか出てきません。

自動的にはアウフヘーベンしない

日本のこうした問題を見た場合、果たして歴史は、ヘーゲルの言うように進歩しているのか、という疑念も沸き起こります。70年代のほうがよかったんじゃないか、進んでいたんじゃないかと思ったりもします。

それと同時に、カントが提唱した定言命法、つまり「〜すべきだ」「〜せよ」という正しい行ないについての無条件の義務も、活かされてはいません。「智」「仁」「勇」の三徳をはじめとした『論語』の精神にも欠けるところがあります。

ヘーゲルが言ったように、自己意識の自由が拡大するのはよいとしても、そればかりでは、社会はうまくいかないようにも思えます。

ヘーゲルの弁証法では、矛盾点や問題点を抱えたときには、それを統合しながら、高次の世界に進むことができることになっていますが、それは自動的に起こることではないのでしょう。私たちが知恵を出し合って、止揚（アウフヘーベン）していかなくてはいけないものなのだと思います。

考えてみると、フランス革命も、自動的に、自然発生的に起きたわけではなく、勇気と行動力のある貴族や市民が立ち上がったからこそ起きたことでした。

さらにいえば、彼らの行動の背景には、哲学者で啓蒙思想家であるジャン＝ジャック・ルソー（１７１２年～１７７８年）の思想の影響があります。そういう意味では、思想・哲学が歴史を動かしたといえます。

また、身分制度を嫌った福沢諭吉は「門閥《もんばつ》制度は親の敵《かたき》で御座《ござ》る」と『福翁自伝』に書き、それを打ち倒す行動に出ました。福沢にも啓蒙思想家の一面があります。

世の中がよくないと思うのなら、愚痴や不平を言うだけでなく、行動に移す。そうすることが弁証法的な進歩につながっていくように思います。

【近代哲学の三巨頭】

「真理を探究するのであれば、人生において一度は、あらゆる物事をできる限り深く疑ってみる必要がある」

デカルト

生没年……1596～1650
本　名……ルネ・デカルト
出身地……フランス・アンドル＝エ＝ロワール県

10歳でイエズス会に入りスコラ哲学を学ぶも反発を覚える。理性を働かせすべてを疑ってかかる「方法的懐疑」から、疑い得ないのは自分の意識だけであると発見し、自分の意識を中心に考える近代哲学の礎を築く。また自分の意識、観念は生まれつき備わっているという考えは「大陸合理論」と呼ばれ、スピノザやライプニッツなどを中心にヨーロッパ大陸で発展、「イギリス経験論」と対立する。数学や科学、自然学など幅広い分野で活躍。

主な著作：『方法序説』真理を導く方法について考察したデカルトの主著。『省察』身体と精神は独立して存在するという「心身二元論」から神の存在証明までを説く。

「善行は、これを他人に施すものではない。これをもって自分自身の義務を済ますのである」

カント

生没年……1724～1804
本　名……イマヌエル・カント
出身地……プロイセン・ケーニヒスベルク

生涯をケーニヒスベルクで過ごし、大学卒業後は家庭教師で生計を立て、その後は大学で教授となり、総長を務めるまでになる。ヒュームの哲学に接し、「イギリス経験論」と「大陸合理論」を統合、批判哲学を完成させ、「ドイツ観念論」の礎を築く。カント倫理学と呼ばれる厳格な倫理学は、無条件に正しい行ないを要求するもので、現代倫理学の古典になる。さらに国際連盟の基礎となる平和思想を唱えるなど、世界に影響を与え続けた。

主な著作：『純粋理性批判』人間の理性による認識はどのように、どこまでできるのかを分析した代表作。『実践理性批判』『判断力批判』とともに批判哲学と呼ばれる。

「理性的なものは現実的であり、
現実的なものは理性的である」

ヘーゲル

生没年……1770〜1831
本　名……ゲオルク・ヴィルヘルム・フリードリヒ・ヘーゲル
出身地……ヴェルテンベルク公国・シュトゥットガルト

カントの思想を発展させ、「ドイツ観念論」および近代哲学を完成させたとされる。37歳で『精神現象学』を出版するまで大学の正規の職にもつけないくらいだったが、最後は学問のトップであるベルリン大学の総長に就任、プロイセンの改革にも貢献する。ヘーゲルといえば「弁証法」だが、これを用いれば、人間は「絶対知」(意識がさまざまな経験を通じて発展し、最終的に到達するとされる境地)、普遍的真理を得ることができると考えた。

主な著作：『精神現象学』意識が経験を通じて発展し、最後はすべてを見通す究極の段階「絶対知」にまで上り詰めるまでを説いた、「ドイツ観念論」の名著。

弁証法

最初の主張を正（テーゼ)、それを否定する主張を反（アンチテーゼ）という。2つを統一して、より次元の高い考えを生み出すことを止揚（アウフヘーベン）といい、生み出されたものを合（ジンテーゼ）という。

【4】現代哲学①──実存主義

セーレン・キルケゴール　主体的に自分で選択する

「あれも、これも」でなく「あれか、これか」

実存主義の哲学は、デンマークの哲学者、キルケゴール（1813年～1855年）に始まるといわれます。そのため、キルケゴールは「実存主義の祖」といわれます。デンマーク語で書かれたキルケゴールの著作はドイツ語にも翻訳され、その後、ハイデガーやサルトルなどに影響を与えました。

実存主義の「実存」とは、自分が現実の存在としてこの場にいることです。一般的な人間というものがどこかにいるのではなく、「今、この私がここにいる」ということです。実存主義を唱えた哲学者、思想家でも、その思想に違いはありますが、「自分で自分の人生を切り開く」ことを提唱している点は共通しています。

そうすると、実存主義はいろいろある思想や思考法の中でも、私たちの生き方に直結する考え方であるといえます。老若男女の多くの人に有意義な考え方ですが、とりわけ若い人が学んで、身につけると、その後の人生がより実りあるものになる可能性があります。

ヘーゲルの弁証法では、矛盾点や問題点は切り捨てずに、それらを統合しながら、次の段階に進んでいきます。ということは、「あれも、これも」の思考法です。あれもこれも切り捨てないで、取り込んでいこうということですから。

それに対し、キルケゴールは「あれか、これか」と言いました。『あれか、これか』という著作も出しているほどの意気込みです。

あれもこれもではなく、あれかこれかを選び取る。主体的に自分で選択していく。それこそが人間であると、キルケゴールは言います。

「真理」についての考え方も、ヘーゲルとキルケゴールでは違っていて、ヘーゲルは真理をすべての人が納得する普遍的な考えであるとします。

一方、キルケゴールは「自分にとっての真理」を大事にしました。実存主義は、人間一般がどうしたということではなく、「この私」がどうなのかを重視することと通じる思想です。

実存は深化する

本来なるべき自分になる。そのためには「実存の三段階」という道のりがあるとキルケゴールは考えました。

第一段階は「美的実存」です。これは快楽や美を求め、感覚的に生きるあり方です。しかし、この生き方では、いつまで経っても満足することができず、むなしくなって、やがては絶望してしまいます。

第二段階は「倫理的実存」です。これは自分の倫理観や正義感をもとにして、社会貢献などをして自己実現を図ろうとするあり方です。立派な考えと行ないに思えますが、行き着くところまで行くと、自分の無力さに突き当たることになります。あるいは、自己中心的になってしまい、周囲と摩擦を起こしたりします。こうして、再び絶望することになります。

第三段階は「宗教的実存」です。これは最終段階の実存で、神と直接1対1で向き合うあり方です。神と一人向き合い、対話することで人間は本来の自分を取り戻せるのです。

美的→倫理的→宗教的と移行するにつれて、実存の状態は深化していくのです。

さて、ここで私は「絶望」という言葉を使いました。絶望は、キルケゴールの著作『死に至る病』にも出てくる言葉で、死に至る病とは絶望のことです。

では、人はいつ絶望するのか。何か大きな絶対的な存在と切り離されたときに、人は絶望するとキルケゴールは言います。

絶対的な存在、それはキリスト教の信者にとっては神です。キルケゴールもキリスト教徒でした。

「選択」であるとか「主体的に選び取る」という精神といったものを考えた場合、それは「信仰」と矛盾しているようにも思えます。というのは、たとえばキリスト教を信仰することで選択肢がなくなったり狭まったりするからです。キリスト教では、世界は神がつくったものと決まっているし、イエスは復活したものと決まっています。そうでない選択肢はありません。

しかし、キルケゴールの思想では、主体的に選び取ることと信仰は矛盾していません。人間は最終的に、宗教的実存に至ると考えたからです。

大きな存在を心の内に持つ

考えてみると、神と1対1で向き合うには、強い精神を要します。親や兄弟姉妹、友人などと相談することもできず、神とのみ対話して選んでいくのだから、フラフラしているわけにもいきません。流されない、しっかりした自己を持っていないといけなくなります。

キルケゴールが生きていた時代も、今と同じように、不安にさいなまれることがあったでしょう。可能性もあるけれど、限界や制約といった現実もある。可能性と現実の狭《はざ》間《ま》で引き裂かれそうになったとき、ふと神のような絶対的な存在に出会うことがあったかもしれません。

キリスト教を信仰していない人にとっても、何か大きな存在、神聖に思える存在に自分の悩みや迷いを真摯に問いかけると、「あぁ、そうすればいいんだ」と悩みや迷いが消え去り、気持ちが晴れやかになることがあると思います。

あるいは、自分の良心に問いかける行為も、これと似ているかもしれません。内にある善なる心に照らして判断しようとすると、答えが出てくることがあるでしょう。

そうして考えると、宗教的実存に至って、本来の自分を取り戻せるとするキルケゴールの思想は、今の私たち日本人にもわかる感覚ではないでしょうか。

たとえば、友人たちに「万引きしよう」と誘われたとします。そのとき、自分の中に確かな軸のようなものを持っていたり、良心に問いかける習慣があったりしたら、万引きに加わることはないように思います。

その後、万引きに誘った友人たちが離れていった上に、彼らからいじめられることがあったとしても、万引きは生涯、一度もしなかった、という誇りは持てるでしょう。

近年は、青少年による残虐な事件もたびたび報道されています。男子中学生が複数の先輩たちに殺されてしまう事件も起きました。

あのような事件では、「本当はしたくなかった」とか「誰かに止めてもらいたかった」などといった加害者の供述をしばしば見聞きします。そうであるなら、内心の良心や神のような絶対的なものに問いかける術《すべ》を持っていると、凄惨な事件は起きないかもしれません。「俺はやらない」「それはやりすぎだ。そんなことはすべきじゃない」「俺は帰る。こいつの親に知らせてくる」……こうした言動につながる可能性があるからです。

キルケゴールの思想には、キリスト教の神が存在していますが、教会の言うとおりにすればよいとするものではないし、まして贖宥状《しょくゆうじょう》（免罪符）を持っていれば天国へ行けるといった類のものでもありません。

主体的に自分で考え、選び、行動していく。そうした意志と個の強さが、キルケゴールの思想にはあるといえます。

マルティン・ハイデガー　死を自覚して、今をしっかり生きる

「時間」をどのようにとらえるか

ドイツの哲学者、ハイデガー（1889年〜1976年）の著作『存在と時間』は第一次世界大戦後の世界で大きなブームになりました。『存在と時間』にはハイデガーの造語もたくさん載っていて、新たな世界観が提示されたと多くの人たちが感じたのです。

たとえば「到来」「既往」「現存在（ダーザイン）」「世界内存在（世界‐内‐存在）」「世人《せじん》（ダスマン）」「投企《とうき》」「被投性《ひとうせい》」「死への存在」などは、ハイデガーが新たにつくり出した哲学的概念です。

それぞれの意味は必要に応じて説明しますが、まず大事なことは、ハイデガーが人間の存在とこの世界との関係を問い直し、人間が存在する意味、つまり生きる意味について考察している点です。そこでは、時間に対する考え方も大事になります。

一般的な考え方では、時間は過去↓現在↓未来へと流れていきます。しかしハイデガーは、これまでの自分を引き受けることを「既往」とし、あるべき自分の可能性を「到

来」と考えました。そして、既往と到来が出合うところが「現在」です。

時間は単純に流れていくものではなく、あるべき自分の可能性をあらかじめ考えて、かつ過去の自分もすべて引き受けよう。その上で現在を生きよう、という提言でもあります。

人間の本来的な生き方とは?

時を「人間の時間」として考える場合、重要な要素として「死」があります。

人間以外の動物も死にますが、彼らはやがて死ぬことを意識して生きてはいないといわれます。しかし、人間は死を意識することができます。

ハイデガーは言います。死を自覚して、今をきちんと生きるのが人間の本来的な生き方である、と。それによって、本当の生き方、人生における大事な生き方ができるとハイデガーは考えました。

反対に、死ぬことを自覚しないで、死ぬことをごまかしつつ生きるのは、人間の非本来的な生き方です。本当の生き方ではなく、大事なことをしないままに生きる人生です。

非本来的な生き方は、頽落《たいらく》した生き方ともいえます。「頽落」も『存在と時間』に出てくる言葉ですが、「堕落」に近い意味と考えてよいでしょう。非本来的な生き方をしていると、頽落した世人（ダスマン）、つまり主体性のない俗な人になってしまうと、ハイデガーは言います。

子どもの頃はもちろん、若い時分や、さらには中年になっても、自分の人生はこのまずっと続くように思うことは、誰しもあるかもしれません。しかしもちろん、それはありえないことで、誰もがいずれは死を迎えます。

つまり、人生は有限なのだけど、なんとなく無限のように思う。そうすると、時間を大事にしないで、無為に過ごしてしまうことも多くなってしまうかもしれません。

たとえば、愚痴や人のうわさ話で盛り上がって時を過ごしたり、日がな一日、スマートフォンで動画を見たりSNSをしたり……。

たまに愚痴やうわさ話をするのは、ストレスの発散になるし、スマートフォンは非常に有用な道具です。だからもちろん、これらの行為がすべて無意味であるとはいいませんが、うわさ話ばかりしたり、SNSばかりしているのは、ハイデガーの言う非本来的な生き方、頽落した生き方のようにも思えます。

「あと1年」の人生をどう生きるか

人生の時間を区切られると、急に使命感が目覚めたり、本当にしたかったことに改めて気づいたりすることがあります。

残りの人生はあと3年。あるいは、あと1年……。たとえば、病気などのために、医師から残りの人生の目安を告げられて、そこから勉強を始める人もいます。

あと1年か……。仕事はがんばったし、家族や友人にも恵まれた。やり残したことは勉強だけかな。勉強は子どもの頃から嫌いで、ほとんどしなかったけど、大人になったら、歴史、地理、宗教、宇宙……と、知りたいことがたくさん出てきた。……そんなふうに思って、勉強を始める人もいます。

試験を受けるためではない。どこかの学校に入るためでもない。人間とは何か、世界とは何か、宇宙とは何かを知って、最後のときまで学び続けたい。そういうことを思って、今、これから学び始める。

これは、死を自覚して、今をしっかり生きる生き方の一つです。100年以上の人生を生きられても、頽落した時間ばかりを過ごしていたのなら、それは充実した人生だったといえないような気がします。

しかし、たとえ1年という短い期間であっても、人生は充実させることができます。毎日、毎時間、毎秒を充実させて、最期を迎えることもできます。

禅、武士道、辞世の歌とハイデガー

仏教の一派である禅では、「今」をとても大切にします。「前後際断《ぜんごさいだん》」という禅の言葉があります。前と後ろをその際《きわ》で断てということで、過去も未来も断って、今を生きなさい、ということです。「而今《にこん》」という言葉もあります。「今、この瞬間」の意味で、この一瞬、この一瞬を生きることが人生であるということです。

常に今を生き、過去にも未来にもとらわれるな、と禅では説いているのです。

禅の悟りに至る道筋を絵で表わした「十牛図《じゅうぎゅうず》」があります。牛が登場し、10枚の絵が描かれているので十牛図というのでしょう。

ハイデガーはこの十牛図に関心を寄せていたそうです。確かにハイデガーの思想には禅に通じるものを感じます。

過去にも未来にもとらわれず、今を生きろと禅は言い、死を自覚した上で、今を生きろとハイデガーは言います。「今を生きなさい」、悔いなく、常に「今を生ききりなさい」と教えている点は共通しているといえるでしょう。

ハイデガーの死を意識する思考法は、日本の武士道にも通じます。『葉隠《はがくれ》』という江戸時代中期に書かれた書物があります。佐賀鍋島藩士の山本常朝が武士としての心得を口述したもので、「武士道と云ふは死ぬ事と見付けたり」の箇所はよく知られています。『葉隠』を読むと、死を覚悟して生きる人には怖いものは何もないのだと感じます。生と死のどちらに軸足があるのかといえば、「死」にあるのだと思います。死の側《がわ》に自分を置けば、むしろ人は心安らかに生きることができると説きます。

武士にとって、死より怖いもの、避けねばならないものは「恥」です。名誉を傷つけられることのほうがずっと重大です。

日本には、和歌や漢詩など、辞世の歌や句を詠む伝統があります。死を間際にして、この世に残す言葉のことです。そこには、死を目の前にしても、あたふたと取り乱したりしないという、日本人の死生観が垣間見られます。

たとえば、江戸時代後期の戯作者《げさくしゃ》で、『東海道中膝栗毛《とうかいどうちゅうひざくりげ》』などの作品がある十返舎一《じっぺんしゃいっ》九《く》は、次の辞世の歌を残しています。

この世をば　どりゃお暇《いとま》に　線香の　煙とともに　灰《はい》左様なら

洒落《しゃれ》がきいていて、悲壮感もなく、実にサッパリとした辞世の歌です。

禅、武士道、そして辞世の歌や句。このような伝統を持つ日本人には、ハイデガーの思想は理解しやすいものに思えます。

人はそれぞれ自分の世界を生きている

自分や物が「存在している」と考えることができるのは人間だけであると、ハイデガーは考えました。そして「存在する」という概念を理解できている人間のことを「現存在（ダーザイン）」と呼びました。つまり、現存在とは人間のことです。

何かが存在していることを概念化できる人間（＝現存在）は、世界の中でいろいろな物事に関わって生きています。そして、人間は各自、この世界をそれぞれ解釈しながら生きています。こうしたありようをハイデガーは「世界内存在（世界‐内‐存在）」と呼びました。

世界内存在には自分の過去の経験や記憶も含まれるでしょう。たとえば、北野さんと西川さんという2人の成人男性が一緒にある町を歩いていたとします。北野さんがその町を訪れたのは初めてですが、西川さんはその町に小学生の頃に住んでいました。

この場合、同じ道を歩いていても、見える光景、感じる思いはずいぶん違うはずです。北野さんはこれといった感慨を抱かないかもしれませんが、西川さんは懐かしさでいっぱいになるかもしれません。古い駄菓子屋を前にして、涙が込み上げてくるかもしれません。こうした感情は北野さんには、まず起こらないでしょう。

同じ時に同じ場所にいても、同じ世界を生きているとは限らず、むしろそれぞれがその人の世界を生きていると考えたほうが得心がいきます。もし同じ世界を生きているとしたら、人間は交換可能な存在になってしまうかもしれません。

人は気づいたときにはこの世界に投げ出されていました。このことをハイデガーは「被投性」と言いましたが、その後は自分の死が避けられないことを自覚しながら、しっかり選択し「投企」することで、ほかでもない自分の道を精一杯生きる。そうした生き方をハイデガーは提唱しているのです。

ジャン＝ポール・サルトル　自分の選択に責任を持つ

「実存は本質に先立つ」

「実存は本質に先立つ」。サルトル（1905年〜1980年）の言葉の一つです。何やら難しそうな言葉です。これだけでは、いったいなんのことやら？　という感じがします。

物には本質というものがあります。たとえば、椅子には「座る」という本質があります。座ることのできない椅子は本質を欠いている、あるいは本質的ではないように思います。

「座る」という本質が先にあって、人は椅子をつくります。こうしたら座り心地がいいんじゃないかとか、こうすれば倒れにくい椅子になるんじゃないかとか、そうしたことをイメージしながら、人は椅子をつくるでしょう。

あるいは、ボールペンの本質は文字などを書くことで、カバンの本質は物を入れて持ち運ぶことです。文字も線すらも書けないボールペンは果たしてボールペンなのか、物を入れられず、持つこともできないカバンは果たしてカバンなのか。これらはボールペンでもカバンでもないでしょう。

こうして考えてみると、椅子もカバンもボールペンも、本質が先にあって存在しています。「座られる」「書かれる」「物を入れられて運ばれる」という運命がすでに決まっているともいえます。

ところが、人間はどうでしょうか。椅子は座るための道具だけど、人間は何？　と問われると、はっきりしない部分があります。

そこでサルトルは「人間は初めは何ものでもない。人間はあとから自分で人間になる」と考えたのです。

生まれたことで、現に存在はしているけれど、そこに本質はない。だから、自分の本質を自分でつくっていかなくてはいけない。人間とはそういうものである、ということです。これが「実存は本質に先立つ」の意味です。

「人間は自由の刑に処されている」

「人間は自由の刑に処されている」。サルトルはこうも言います。

「人間の本質は自己意識の自由にある」「人間は誰しも自由でありたいという本性を持

っている」とヘーゲルは言い、「神が人間の自由や独立を阻んでいる」とニーチェは言いました。

サルトルも、自分の本質は自分でつくっていくものだと言いました。ということは、自分の本質は自分で自由につくれるということです。そして、その過程では当然、いろいろと選択することが生じます。

選べることはありがたく、うれしいことだけれど、自分で選ぶとなると、その結果は自分で責任を持つことになります。

あらかじめ決められていたり、誰かに決めてもらったりすれば、うまくいかなかったときには、その人のせいにすることもできます。

しかし、自分で決めたとなると、誰のせいにもできません。「あなたが選んだんでしょ」と人には言われるし、自分でも「私が選んだんだよな」と思うほかありません。

そうなると、選択や自由が重荷になってきます。これも自由、あれも自由。ここでも選択、あそこでも選択。自分で決める、自分が選ぶ。……この繰り返しでは、だんだん疲れてきます。

こうしたありようをサルトルは「人間は自由の刑に処されている」と呼んだのです。

若いときは選択肢がたくさんある

実存主義は、とりわけ若い人にとって、よい思考法だと思います。何かを選ぶ機会も選択肢も、若いときのほうがたくさんあるからです。

たとえば、中学校や高校での部活動。サッカー部にするか、卓球部にするか、陸上部にするか、あるいは美術部か、書道部か、吹奏楽部か……選択肢は幾つもあるし、その中で自分で選ぶことができます。

ところが会社では、開発部に行きたいと言っても、そうなるとは限らず、「君は経理部に行きなさい」と言われれば、それに従うしかありません。

進学でも、高校や大学、専門学校などに進むのは、たいてい自分で選ぶことができます。最近では、中高年で大学などに進学する人も増えていますが、現状では、大学で学ぶ人の大半は若者です。

進学先を選ぶ際には、その選び方が問題になります。よく考えもせずに、なんとなく選ぶと、その後、うまくいかなかったときに周りのせいにするかもしれません。あらかじめ決められていたり、誰かに決めてもらったりしても、失敗したときには周りのせいにできそうですが、なんとなく選んだ場合にも、同じようなことが起こりえます。

「ほんとは行きたい学校じゃなかったんだよな」「周りの連中がバカなんだよ」「学校なんて、くだらないよ」……こうした愚痴や言い訳ばかりを言うようになるかもしれません。自分の選択に自覚的でないと、こうしたことが起こりがちなのです。

罪を犯した人の中にも、周りのせいにする人がいます。「親が悪かったから」「学校の先生が悪かったから」「友達にそそのかされたから」「うちが貧乏だったから」……。同情できる部分もあるかもしれませんが、同じような境遇で育った人でも、犯罪をしない人は大勢います。

それに、いろいろな場面で、選択肢は幾つもあったはずです。そのときに別の選択肢を選んでいれば、違った人生になって、罪を犯すことはなかった可能性も十分にあるのです。

「違った人生」といえば、歴史を見ると、大きな選択をしたことで、その後の人生が大きく変わった人がいます。福沢諭吉はそのうちの一人といえます。

福沢諭吉は〝藩を出る〟という大きな選択をしました。九州の中津藩の武士だった福沢は藩を抜け、長崎、大坂、江戸へと勉強の旅に出かけたのです。

福沢の兄たちは藩の現状に不平を言うのですが、それにはあまり耳を傾けません。嫌なら、藩を出て、自由に生きてみればいい、と思っていたのではないでしょうか。

こうした大きな選択や決断をできる人は、多くはないでしょう。しかし歴史は、個人の大きな選択や決断によって動いてきたという現実もあります。

結婚という大きな選択

進学や就職も大きな選択ですが、結婚は非常に大きな選択です。結婚は義務ではないし、かつてのように「いい歳になったんだから、あなたもそろそろ……」と、結婚を促されるようなことも少なくなりました。そうなると、結婚に対する本人の自由度と選択度は、以前にも増して高まっているといえます。

それまで一人暮らしだったり、両親と暮らしたりしていたのが、他人である異性と一緒に暮らすことになる。これはやはり、大きな変化です。加えて、経済的に厳しい状況にある人も少なくありません。

結婚すると、子どもが産まれる可能性も高い。家族が3人、4人……になるかもしれない。そうなると、経済的な負担もますます大きくなる。しかも、子どもは予測不能なこともするので、何が起こるかわからない。自分の時間も少なくなりそう。

あれこれ考えると、結婚には二の足を踏んでしまう。負担が大きくなったり、自分の時間が少なくなったりするのなら、今のまま、独身でいい。そう考える人が増えそうです。

そうなると、晩婚化、さらには非婚化に拍車がかかっていきます。今の日本は、まさにそうした状況にあります。

選択すること、決断することは、実存主義の特徴の一つです。だからもちろん「結婚しない」という選択や決断もあるのですが、結婚したいけれど、今はまだ……といって、結婚をどんどん先送りしているような人は、選択や決断の覚悟が定まっていない点もあるかもしれません。

その点、いわゆる〝できちゃった婚〟は、子どもができたことが決断の後押しになります。自ら進んで、結婚するという選択・決断をしていないのに、子どもを授かるという〝運命〟が先に来てしまったような状況です。

「子どもができたのだから、結婚しよう」というのは、選択や決断をすべて自分にゆだねられている状況に比べると、ある意味、精神的にはラクかもしれません。決めることをすべて自分が背負わなくてもよいからです。

実存主義が向かない人もいる

今の日本では、自分で、あるいは自分たちで結婚を決めますが、少し前までは、結婚はそれほど自分で決めるものではありませんでした。

たとえば、私の両親は見合い結婚で、結婚前には2回くらいしか会っていません。それでも、添い遂げましたし、伯母などにも、そうした人は多くいます。

見合いや周りの勧めで結婚した人たちは、実存的な選択をしていません。結婚に関し、自分で自分の人生を切り開く意志はあまり感じられません。それでも、仲むつまじく、生涯をともに過ごした人たちは大勢います。

あるいは、親が医師や教師だから、自分も医師や教師をめざすという人がいます。親がレストランを経営しているから、そのレストランを継ごうと考える人もいます。こうした場合も、実存的な選択はそれほど強くないかもしれません。

しかし、大学で教職課程も教えている身からすると、親が教師だから、自分も教師をめざしている学生が教師に向いていないかというと、決してそんなことはありません。自律的で、勉強好きで、教えるのも好きだったりします。

そうしたことも考えてみると、すべての人が実存主義の生き方をする必要はないのかもしれません。常に自分で選択して、自分の人生を切り開き、自分の本質を作り上げていくのは魅力的ですが、なかなかしんどいことでもあります。実存主義の人生には、向き、不向きがありそうです。

とはいえ、繰り返すと、特に若い人には、少なくとも一度は、実存主義的な生き方をしてみることを勧めたいと思います。

積極的に社会参加しよう

「積極的に社会参加をしよう」。サルトルは人々に向けて、こうした呼びかけも積極的にしました。

社会参加はフランス語で「アンガージュマン」といわれ、サルトル自身も、アルジェリアの独立戦争を支援したりベトナム反戦運動に参加したりするなど、さまざまなアンガージュマンを行ないました。

サルトルの思想と行動が世界に与えた影響は大きく、彼は一時期、哲学の世界的なスターのような存在になりました。サルトルはマルクス主義の傾向を強め、世界各国で起きた学生運動にも影響を与えました。

「私は絶望に抵抗しながら希望とともに死ぬだろう」。サルトルが晩年に語った言葉です。自ら選び取り、自ら切り開き、自ら社会参加した人物らしい言葉に思えます。

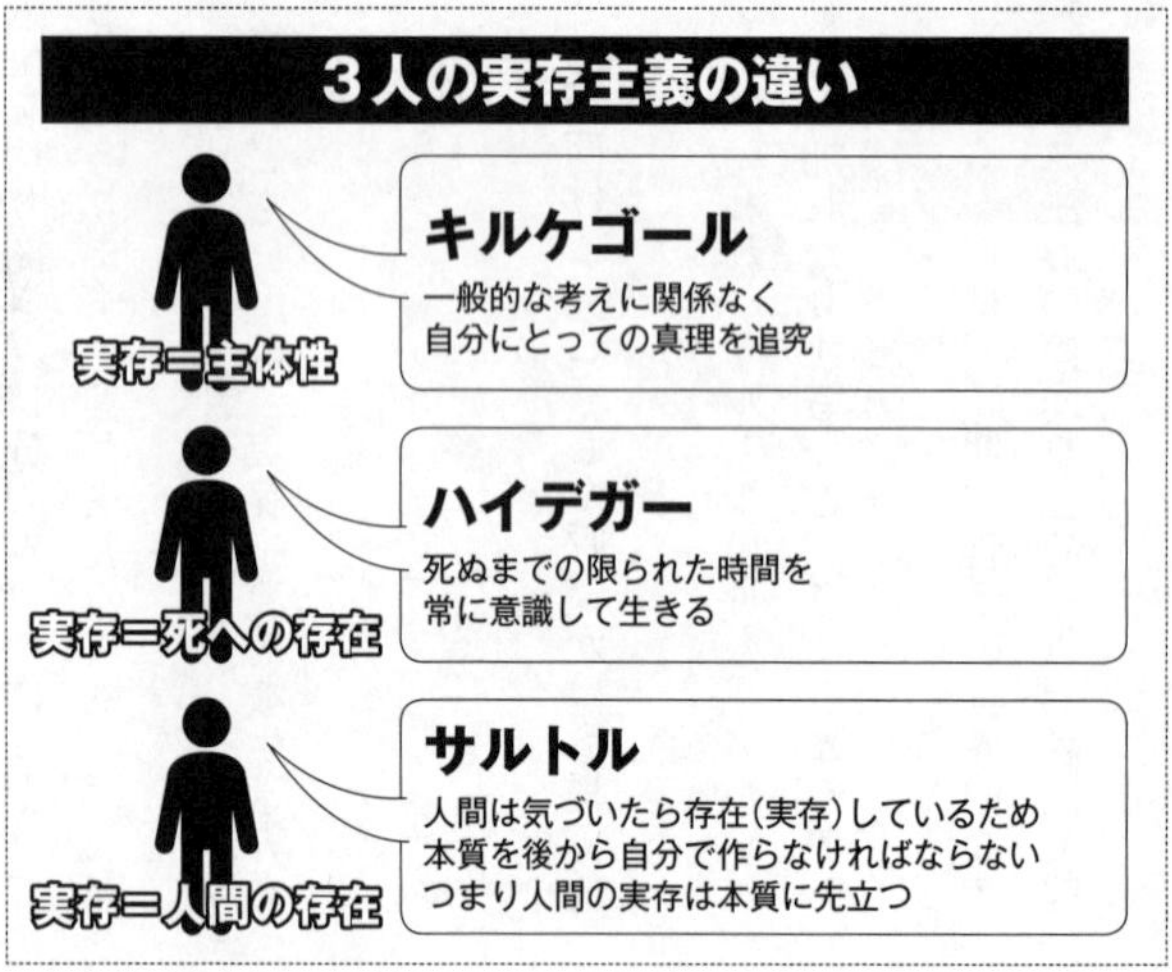
3人の実存主義の違い
キルケゴール
一般的な考えに関係なく
自分にとっての真理を追究
実存＝主体性
ハイデガー
死ぬまでの限られた時間を
常に意識して生きる
実存＝死への存在
サルトル
人間は気づいたら存在（実存）しているため
本質を後から自分で作らなければならない
つまり人間の実存は本質に先立つ
実存＝人間の存在

アルベール・カミュ　不条理を受け止めて、生き続ける

不条理を受け止める

カミュ（1913年～1960年）は『異邦人』や『ペスト』などを著わした作家で、ノーベル文学賞も受賞しています。

カミュには『シーシュポスの神話』という短いエッセイもあって、これには実存主義的な思想が見られます。

神々はシーシュポスに、岩を休みなく転がして、それを山の頂まで運び上げるという刑罰を科します。しかし、山頂に達すると、岩はいつも転がり落ちてしまう。無益で希望のない労働ほど恐ろしい懲罰はない。そう神々は考えていました。

確かに、これは肉体的だけでなく、精神的にも非常にこたえますね。何のために、こんなつらく厳しいことをし続けなくてはいけないのかと、誰でも思いそうです。

しかし、カミュは書きます。「シーシュポスは不条理の英雄である」と。

大きく重い岩をたいへんな苦労をして山頂に運び上げても、その岩は落ちていく。もう一度、同じことをしても、また落ちていく。それでも、シーシュポスは「すべてよ

し」と思って、もう一度、岩を山頂へ運ぶ。

どう考えても絶望的な状況であるにもかかわらず、シーシュポスはその過酷な状況を受け止め、何度でも立ち上がる。そうした不条理な運命を受け止めるシーシュポスをカミュは「不条理の英雄」と呼んだわけです。

何度でも立ち上がる

不条理、つまり絶望的な状況は誰にも起こりうることです。過去にも不条理に見舞われた人はいるし、その不条理を乗り越えてきた人もいます。

たとえば、唐の僧、鑑真《がんじん》は、日本に渡海《とかい》しようとしますが、暴風に遭い、海賊に襲われ、さらには失明もして、なかなか日本の土を踏むことができませんでした。

鑑真はそれでもあきらめずに、渡海を繰り返し、753年、6度目の挑戦でついに日本に来ることができました。鑑真の来日によって、日本の仏教はいっそう発展していくことになります。

漢字の研究者で、大著『大漢和辞典』などの編者としても知られる諸橋轍次《もろはしてつじ》氏も、不条理に見舞われています。

巨大な漢和辞典の構想を出版社から持ちかけられた諸橋氏は、原稿を途中まで書き上げていました。しかし、その原稿や資料などは戦時中の1945年に起きた空襲によって、すべて燃え尽きてしまいました。

さらにその後、諸橋氏は右目を失明し、左目の状態も悪化します。そうした過酷な状況にあっても、彼はあきらめることなく、『大漢和辞典』をまとめあげたのです。

1994年、アフリカのルワンダで大量虐殺が起こりました。フツ族が突如、ツチ族に襲いかかって、100万人もの人が殺されたといいます。鉈《なた》や棍棒《こんぼう》、ナイフなどを使って、二つの民族が殺し合いました。

そうした中、奇跡的に生き延びたツチ族の女性が『生かされて。』という手記を書いています。その本を読むと、殺した側と殺された側が和解していく様子も知ることができます。

筆舌に尽くしがたいほどの凄惨な事態に巻き込まれても、なお生きる。不条理を受け止めて、生き続ける。そうして生きてきた人、生き続けている人が、日本にも世界にも大勢いるのです。

誰もが実存主義から学べる

命に関わるほど凄惨な出来事でなくても、厳しい状況に追い込まれることはあります。

たとえば、プロのスポーツ選手がケガをすることがあります。しかも、相手の選手の反則によって、大ケガをして、手術や入院を余儀なくされ、長期間、復帰できない事態に見舞われることもあります。しかしそれでも、手術を受け、リハビリを続け、見事に最前線に復帰してくる選手も少なくありません。

過酷な状況に屈しないで、受け止めて、立ち向かう。そうすることで、新たな道が切り開けていくことがあるのです。

実存主義の生き方は、自らの足で歩み続けることを説きます。選択し、決断し、歩み続ける。親や学校、友人や先輩、同僚や上司などは関係ありません。

すべての人に実存主義の生き方が合うとは思いませんが、少なくとも、何かのせいにしない覚悟と自分の人生をしっかり生きる自覚は、誰もが実存主義から学べるのではないでしょうか。

【実存主義の４人】

「人間とは精神である。精神とは何であるか。精神とは自己である。自己とは自分自身に関わる一つの関係である」

キルケゴール

生没年……1813～1855
本　名……セーレン・オービエ・キルケゴール
出身地……デンマーク・コペンハーゲン

裕福な家庭に生まれながら、家族が次々に死亡するという不幸に見舞われたことで、神罰や死を強く意識し、常に絶望していた。それを克服するために導き出したのが、絶望から自分を見つけ出そうとする「実存」である。ヘーゲルの思想が流行していた当時、まったく注目されなかった。ある牧師が傾倒し、デンマーク語からドイツ語に翻訳したことから、ハイデガー、サルトルに影響を与え、実存主義の祖となり、20世紀の流行を生み出す。

主な著作：『死に至る病』「死に至る病」とは「絶望」のこと。自分の中にある絶望の自覚と、そこから実存的な生き方を追求することの重要性を説いた。

「人は、いつか必ず死が訪れるということを思い知らなければ、生きているということを実感することもできない」

ハイデガー

生没年……1889～1976
本　名……マルティン・ハイデガー
出身地……ドイツ・バーデン=ヴュルテンベルク州

フライブルク大学で神学、のちに哲学を学び、フッサールの「現象学」に影響を受け、存在するとはどういうことかを初めて本格的に追求した。著作の『存在と時間』はブームになり、特にフランス実存主義者に多大な影響を与えた。大学の総長となるも、当時ナチスに肩入れしていたことが原因で、一時大学から追放される。自分が代替不可能な「死への存在」であることを自覚すべきと主張、人間を「現存在」として区別している。

主な著作：『存在と時間』「存在」とは何か？という問いに挑んだが未完。序論の人間(世界内存在)の分析は実存、構造、ポスト構造主義者にまで影響を与えた。

「人間は自由であり、常に自分自身の選択によって行動すべきものである」

サルトル

生没年……1905～1980
本　名……ジャン＝ポール・シャルル・エマール・サルトル
出身地……フランス・パリ

パリの高等師範学校で学び、メルロ＝ポンティや生涯の恋人ボーヴォワールとの出会いを経て、積極的に論を展開。小説家として『嘔吐』を発表した後も、刺激的な小説や戯曲を発表し続ける。ヤスパースが体系化した実存哲学を実存主義として世に広め、世界的なブームを巻き起こす。さらにマルクス主義にも接近し、1960年代後半からは多くの社会運動に参加（アンガージュマン）、日本の全共闘運動にも影響を与えた。

主な著作：『存在と無』無神論的実存主義の立場から「存在」を現象学的に考察した主著。人間の精神を実存的に分析し、実存主義ブームをつくった。

「人間が唯一偉大であるのは、自分を越えるものと闘うからである」

カミュ

生没年……1913～1960
本　名……アルベール・カミュ
出身地……フランス領アルジェリア・モンドヴィ

小説家として知られているが、思想の近さから実存主義者に数えられることもある。大学卒業後、ジャーナリストとして活動。第二次世界大戦中に発表した小説『異邦人』、エッセイ『シーシュポスの神話』などで注目される。また『カリギュラ』などを上演し、劇作家としても活躍。1957年、史上2番目の若さでノーベル文学賞を受賞。1960年、交通事故で急死。政治的暴力を避ける姿勢は盟友サルトルと論争を引き起こし、文壇で孤立した。

主な著作：『シーシュポスの神話』人はいずれ死に、すべては無になることがわかっているにもかかわらず、それでも生き続ける人間の姿をシーシュポスに重ねて描いた。

【5】現代哲学②——現象学

エトムント・フッサール　思い込みで判断せず、丁寧に観察する

私たちは「主観」の中で生きている⁉

すでに紹介したハイデガーやサルトル、これから紹介するメルロ＝ポンティは、フッサール（1859年～1938年）の影響を強く受けています。

フッサールはドイツの哲学者で、現象学を提唱しました。

フッサールは、物事を思い込みで判断するのはやめて、意識でとらえた現象そのものを丁寧に観察して、記述しよう、判断はそのあとにしよう、と説きます。

これだけでは理解しにくいでしょうから、少しずつ説明していきます。

何か物がある場合、私たちはその物を認識していると思うかもしれませんが、果たしてそう言いきれるでしょうか。その物が存在しているか定かではなく、私たちの意識の中だけにあるのかもしれません。そうなると、私たちはそれぞれ、主観の中で生きてい

ることになります。

たとえば、リンゴが目の前にあると、そこにリンゴが存在していると誰もが思うでしょう。しかし実は、そうではなく、自分の意識の中にリンゴが現われているだけかもしれません。

リンゴが自分の意識の中に現われたから、「リンゴがある」と思っているけれど、自分の意識の外のことはわかりません。となると、リンゴは自分の主観の中だけに存在していて、主観の外にはないかもしれないことになります。

世界はない、と言っているわけではなく、その人が見ている世界はその人の主観で見ている世界ではないか、ということです。

エポケーしてみる

世界はどのようにして「ある」と私たちは判断しているのでしょうか。これは現象学の大きなテーマの一つです。

この問いに対して、フッサールは「思い込みに注意しよう」と言います。そして、そのためには、当たり前のように思われている物事を一度カッコに入れて、判断するのを保留しよう、と提案します。これは「エポケー」といわれ、「判断停止」の意味です。

たとえば、目の前にリンゴが見えると、「リンゴがある」と思うでしょうが、リンゴが「ある」ことをいったんカッコに入れて判断停止して、「ある」と決めてかかるのを止めてみようということです。

エポケーはいろいろな物や事柄で行なうことができます。たとえば「雪は白い」と一般的には思われていますが、エポケーして、雪をまじまじと見てみる。手に取ってみると、半透明に見える。では、どうして積もっている雪は白く見えるのか、といった次の疑問も沸き起こります。

あるいは「富士山はどこから見ても美しい」と思う人もいるかもしれませんが、その判断をいったん保留にしてみる。実際に登って見てみると、岩がゴツゴツしていて、そうでもなかった、ということもあるかもしれません。

その考えは思い込みかもしれない

現象学では、現象そのものを丁寧に観察して、記述することも大切にします。リンゴが目の前にあれば、「あぁ、リンゴがあるな」ですませるのではなく、いったん「リンゴだな」という意識を取り去って、そのリンゴを丁寧に観察して、記述してみるのです。

面倒だな、と思うかもしれませんが、多くの画家はこうしたことを日頃からしています。

画家がリンゴを描く際は、一つ一つのリンゴを丁寧に観察します。「リンゴは赤いもの」と思っている人も多そうですが、黄色のリンゴもあるし、緑色のリンゴもある。赤く見えるリンゴも、場所によってずいぶん違うし、その赤にもいろいろな赤があることに気づく。丁寧に観察してみると、多くのことに気がつきます。こうして考えてみると、画家は現象学を実践しているといえます。

「リンゴは赤い」と思っているのは思い込みであり、決めつけでもあります。思い込みや決めつけは、いろいろなことに対して持ちがちです。

たとえば、男性から見た女性。「女って、おしゃべりだよな」とか「女性はおしゃれが好きだよな」などと思う人もいるでしょう。でも、おしゃべりでない女性も、おしゃれにあまり関心がない女性もいるでしょう。

あるいは「子どもはギャーギャー騒いで、うるさいよ」と思う人もいるかもしれません。でも、静かにおとなしくしている子供もいます。「女性はおしゃべりなもの」「子どもはうるさいもの」というのは決めつけで、現象学的な態度ではありません。

丁寧に観察してみると、「○△は□×だ」と判断するのは、思い込みや決めつけだったことに気づくことが多いものです。

「意識は志向性を持っている」

人間は物を主観でとらえているとすると、記述する際には、物自体をとらえることはできないので、その対象を意識でとらえることになります。意識でとらえた対象が現象です。

「物自体をとらえることはできない」という主張は、カントの考えに近いですね。カントも同様の思考法を提唱していました。

フッサールは「意識は志向性を持っている」とも言います。「志向性」とは、何かに向かっていることです。たとえば、本なら本、パンならパン、電車なら電車に向かうことです。

歯を磨こうとするときには、歯や歯ブラシ、歯磨き粉、洗面台などに意識が向かうでしょう。一連の動きの中で、とりわけ洗面台に意識が向かうときもあるでしょうし、歯磨き粉に意識が向かうときもあるでしょう。ちゃんと磨けたか鏡を見て確認しているときは、歯や歯ぐきに意識は向かっていそうです。意識というものは、漠然としたものではなく、何かに向かっているということです。これが「意識は志向性を持っている」の意味です。

客観的世界とは何か

フッサールは「間《かん》主観性」という概念も使っています。世界が客観的に実在している保証はないと、フッサールは考えています。私たちは「ある」と思って、暮らしているけれど、それは確実ではないということです。

しかしそれでも、私たちは客観的世界はあると思っています。それは、間主観性があるからだとフッサールは言います。

私たちは一人一人、それぞれが主観的に認識しています。「客観的に見て」とか「客観的に考えて」などということがありますが、その「客観的」は果たして本当に「客観的」か誰にもわかりません。

私たち人間には、主観しか備わっていない。そうであるなら、私たちが社会生活を送るために必要なことは、各人が持つ主観と主観の「間」ではないかと、フッサールは考えたのです。主観と主観の間だから、間主観性なのです。

間主観性は「共同主観性」ともいいます。それぞれの主観が共同で持っている部分を指して、共同主観性と呼んでいます。

複数の主観があって、そこに重なる部分を見いだして、それを間主観性（共同主観性）とする。そして、それを客観的世界としようと、フッサールは提唱したわけです。

客観的世界は最初から存在しているものではないけれど、それぞれの主観の共同的な部分を確認し、それを客観的世界としようということです。

世界に驚く

人間には本質をつかみ取る直観である「本質直観」があると、フッサールは言います。

たとえば、富士山はいろいろな表情を見せます、富士山の写真を見ると、季節や時間帯、撮影した場所、撮影した人などによって、千変万化《せんぺんばんか》します。

しかし、富士山の写真を50枚、100枚、200枚……と見たとき、そこに何か本質的なことを感じることがあります。壮麗だなとか、神々しいなとか。この二つをどの写真からも感じ取れる場合、富士山の本質は壮麗で、神々しいことと考えることもできます。

これは富士山の写真を見て感じる本質ですが、美、愛、正義、権利、自由などにも共通して存在している本質があるのではないかとフッサールは考えます。

たとえば、画家は花を描くときに、花という現象=意識でとらえた対象を描いていると思いますが、それだけではなく、花の本質も描こうとしているのではないでしょうか。そうして描かれた花の絵には、作者が本質直観で得た本質が描かれているように思います。

すばらしい絵を見ると、人は感動しますが、それは必ずしも写真のような絵である必要はありません。実物の花にそっくりでなくても、その花の本質が描かれていれば、その絵には生命が宿るでしょう。

ゴッホの絵は、写実の点でいえば、上手な絵とはいえないかもしれません。しかし、ゴッホの絵を見て、感動する人は大勢います。生命や世界の本質を多くの人が感じ取っているのだと思います。

物事を思い込みで判断するのはやめて、意識でとらえたものを丁寧に観察して、記述しよう、判断はそのあとにしよう、とフッサールは言いました。それとともに、そのものの本質に迫ることもフッサールは勧めます。

こうした生き方は、人生に驚きや感動をもたらしてくれるように思います。思い込みや決めつけを捨てて、その対象にしっかり向き合うと、それがたとえ1個のリンゴであっても、驚きや感動に出合えるかもしれません。

セザンヌは「リンゴ一つでパリを驚かせたい」と言っていました。まずセザンヌ自身が一つのリンゴの存在感に心打たれ、新鮮に驚き続けていたのです。

現象学を生きるということは、世界に驚くことでもあるといえます。

私は本当のプロとは、新鮮に驚き続けられる人ではないかと思っています。

モーリス・メルロ＝ポンティ　体でわかる、感じる、刻み込む

デカルトとは異なる思想

メルロ＝ポンティ（1908年〜1961年）はフッサールから現象学を受け継いだのですが、フッサールの思考法とは大きな違いがあります。それは身体に対する考え方です。

フッサールも身体について語ってはいるのですが、フッサールは身体と理性を「理性＞身体」と見ていました。

こうしたとらえ方はデカルトに顕著に見られます。デカルトは「我思う、ゆえに我あり」と言いましたね。「私は考える、だから私は存在する」ということですが、そうなると、身体はどこにあるのか、という疑問が起こります。

考えるものは精神で、その精神によって、私は私になる、というのがデカルトの考えです。

では身体は？　というと、デカルトは物体に近いものと考えました。デカルトにとって、身体は物なのです。精神と身体はそれぞれ独立的に存在する心身二元論（物心二元

論）の立場です。

でも、本当にそうだろうか。そうじゃないんじゃないか。そう考えた代表的な哲学者がメルロ゠ポンティです。著作『知覚の現象学』で、メルロ゠ポンティは心身二元論とはまるで異なる世界観を提示してくれました。

人間がノミの姿をしていたら……

「身体を中心にして人間をとらえよう」。メルロ゠ポンティはそのように提唱しました。自分のこの身体でもって、この世界に住んでいるのだから、世界はこう見えて、こう感じられるのではないか。この身体で世界に接しているから、いろいろなことを考え感じて、自分が形成されているのではないか。メルロ゠ポンティはこのようなことを主張します。「私たちは、身体として世界に住みこんでいる」というのは、実感しやすい考え方です。

たとえば、仮にノミが人間並みの頭脳を持っているとすると、ノミの身体を通した価値観や世界観をその〝ノミ〟は持つように思います。頭脳が人間と同じだからといって、人間と同じような考え方や感じ方はしないでしょう。

あるいは、たとえば目はないけれど、鼻は犬並みに利《き》き、脳は人間と同等で、人間に似た姿をしている動物（人間？）はどうでしょうか。人間は視覚に頼ることの多い動物ですが、こうなると、犬のように嗅覚に大きく依存するようになるでしょう。

そうして考えてみると、「我の身体あり、ゆえに我あり」とか「ここに我の身体あり、ゆえに世界あり」などということもできるように思います。

私たちの身体、あるいは肉体は「物」ではない。私たちそのものである。目で見るからこそ、耳で聞くからこそ、考えるんじゃないの。手で触るからこそ、鼻で嗅ぐからこそ、舌で味わうからこそ、感じるんじゃないの。メルロ＝ポンティはそうした主張をしました。

ギタリストにとってのギターとは？

「道具は身体の延長である」といったことも、メルロ＝ポンティは言いました。

たとえば、プロのギタリストにとって、ギターはもはやその人の身体の一部のようなものかもしれません。ギターを手にしたとたん、自然に指が動く。本人は一体化している感じがするかもしれません。

ただし、ギターに興味のない人、ギターが弾《ひ》けない人にとっては、同じギターであっても、それは単なる物かもしれません。

あるいは、杖《つえ》や長い棒があったとします。その杖や棒は目の不自由な人にとっては、非常に重要な道具で、身体の一部といってよいものに思います。

自動車なども、自分の身体の一部になりやすいと思います。座席の感じ、ハンドルの位置、視界など、その車に乗り慣れてくると、なんとなく車も自分の一部のような感じがして、ほかの車を運転すると、違和感を覚えることがあります。

ギターも杖も車も道具なんだけど、もはや道具ではない感覚。習慣によって感覚がなじんだり研ぎ澄まされたりしてくると、物との関係も変わる。

身体性は服など身につけるものによっても変わります。たとえば、女性はハイヒールを履くと、なんとなく見える風景が変わり、いつもと違った身体の感覚を得られるのではないでしょうか。

膝を悪くすると、歩くのもつらくなります。そうすると、視点が変わって、膝を痛めた人や高齢者の立場で道路を見るようにもなります。

あるいは、男性が女装をしてみると、動作自体も変わるなど、かなりの変化が見られるかもしれません。

身体性は対人関係を考えても、とても重要です。

たとえば、話しているときに大事なのは、言葉の意味だけではないですよね。話を聞くときには、相手の顔の表情、手の動き、話すテンポなどを総合的に判断して、「いいこと言うな」とか「この人、感じがいいな」などと判断しているはずです。

「おまえ、アホだなぁ」という言葉も、言い方や表情によっては、親しみの気持ちの表われになるし、場合によっては、褒め言葉にもなりえます。

コミュニケーションは言葉だけで成り立っているわけではない。むしろコミュニケーションの基本は身体性にこそあるともいえます。

体に染み込ませる勉強

勉強に関しても、頭だけをよくしようという発想では限界があるでしょう。体でわかる、体で感じる、体に刻み込む勉強も大事ではないかと思います。宮沢《みやざわ》賢治《けんじ》も詩の中で、「からだに刻んで行く勉強が／まもなくぐんぐん強い芽を噴いて／どこまでのびるかわからない／それがこれからの新しい学問のはじまりなんだ」と言っています。

身体というのはとても大事だと私も思っていて、この思いは『声に出して読みたい日本語』（草思社）などの私の著作にもつながっています。

「春はあけぼの。や《ょ》うや《ょ》うしろくなり行《ゆ》く、～～」……『枕草子《まくらのそうし》』清少納言《せいしょうなごん》
「ゆく河《かわ》の流れは絶《た》えずして、しかも、～～」……『方丈記《ほうじょうき》』鴨長明《かものちょうめい》
「痩蛙《やせがえる》まけるな一茶《いっさ》是《これ》に有《あり》」……小林一茶
「知らざあ言って聞かせやしょう。～～」……『弁天娘女男白浪《べんてんむすめめおのしらなみ》（白浪五人男《しらなみごにんおとこ》）』河竹《かわたけ》黙阿弥《もくあみ》
「どっどど　どどうど　どどうど　どどう～～」……『風の又三郎《またさぶろう》』宮沢賢治
「国破れて山河《さんが》あり　城春《しろはる》にして草木《そうもく》深し～～」……『春望《しゅんぼう》』杜甫《とほ》

こうした言葉を声に出して読んでみる。すると黙読していたときには味わえなかった、言葉のリズムやテンポが体に染み込んでいく感じがします。

江戸時代には、素読《そどく》がよく行なわれました。素読は内容の理解は二の次にして、ともかく声に出して文字を読むことです。そうして漢文などを体に染み込ませていったので

す。これはまさに身体性のある学習法です。

今の時代は、たいていのことはインターネットを使って調べることができます。「あのスポーツ選手の名前はなんだったかな？」と思えば、それもすぐに調べられます。しかし、それは「身についている」ことではありません。

ギタリストがギターの弾き方を身につけているように身につけ、染み込ませる。メルロ＝ポンティの身体論からは、そうした学習法の大切さも学び取れます。

鍛錬で体が変わる

江戸時代初期の剣術家、宮本武蔵は『五輪書《ごりんのしょ》』に「千日《せんにち》の稽古を鍛《たん》とし、万日《まんにち》の稽古を練《れん》とす。能々《よくよく》吟味有るべきもの也《なり》」と記しました。

この「千日」「万日」は具体的な数字と考えたほうがよいでしょう。剣の道を身体に染み込ませるために千日（約3年）、万日（10年単位）で鍛錬せよ、といっているのです。武蔵のこの教えは、第1章で紹介した南郷継正氏の「量質転化の法則」に通じます。

武蔵ほどの〝極意〟まではめざさないとしても、体を動かす習い事などをしている人は、練習することで体が変わってくることを実感できると思います。

たとえば、太極拳やベリーダンスなどに取り組んでいる人もいるでしょう。スポーツジムの講座に3回行ってみたけれど、何も変わらない。いいことは何もなさそうだ。そんなふうに思って、すぐにやめてしまう人もいるかもしれませんが、時間などの制約が許すのであれば、続けてみると、体の変化に気がつくと思います。

適切な方法で行なっていれば、心身に良好な変化が起こる可能性があります。「体が変わったな」「これまでとは、世界が少し違うように思える」。そんな実感も持てるかもしれません。

禅でも身体性を大事にします。曹洞宗の開祖、道元にまつわる、次のような逸話があります。

道元は若い頃、宋に渡りました。あるとき道元は、シイタケを干している老僧に出会い、尋ねます。

「この暑い中、どうしてそのような大変なことをなさっているのですか。若いお弟子さんにやらせたらよいのではないですか」

老師は「他はこれ吾《われ》にあらず」と答えます。

「これは私のすべきことなんだよ。ほかの者では、私の代わりにならないからね」
自分の体を使って、自分で行なう。メルロ＝ポンティの身体論で解釈すれば、この老師は自分の身体性を大切にしているといえるでしょう。

結婚は身体性のぶつかり合い

自分の身体性を把握することも大切です。たとえば、私はせっかちだなとか、あたふた焦ることが多いなとか。のんびりしていて、友達といると、テンポがずれてしまうなとか。

自分の身体性がわかると、仕事を選ぶときの参考にもなります。せっかちな自分に向いた仕事は何だろう？　のんびり屋の私に合った仕事は？　などと考えることができます。

他人と一緒に暮らすことになる結婚は、互いの身体性が接触することでもあります。それまで一人で寝ていたのが二人並んで寝ることになる。すると、寝相《ねぞう》が気になる、イビキが気になるといったことが起こります。一緒にご飯を食べると、箸使いが気になるとか、音を立てて食べる食べ方が気になるといったことも起こるかもしれません。寝る時間も、一人暮らしのときは深夜1時に寝ていたけれど、相手は10時に寝る。朝食は食べていなかったけれど、相手は毎朝しっかり食べる。さぁ、どうしようか、ということが起こります。

それまでの年月、体に染み込んだ習慣が誰にもあります。それがその人の身体性で、結婚生活が始まると、それぞれの身体性がぶつかることになるのです。

衝突する身体性を解決するには、譲歩や調整が求められます。朝ご飯は二人で一緒に食べたほうがいいねとか、箸使いは直すよとか、寝るのは10時半ごろにしようかとか。

こうして話し合い、譲り合うことで、成熟も促されます。その結果、子どもが産まれ、子孫がつながってもいきます。結婚を身体性で考えると、このような側面も見えてきます。

「声」もまさに身体性である

「あの人の声が好き」ということがありますね。声が気に入ったから、その人を好きになったとか、あの歌手を好きになったとか。あるいは、反対に声が好きでないから、あの歌手はあまり好きじゃない、といったこともあるかもしれません。

作詞家の松本隆さんは歌手の松田聖子さんに対して「彼女のあの声が大事なんだよ」と話したことがあるそうです。これは、松田聖子さんの声だから、松本隆さんが書く歌詞が生きるということでしょうね。

考えてみると、声というのも、まさに身体性です。その人に備わった身体の一部です。松本さんが作詞して、松田さんが歌った歌には『風立ちぬ』『赤いスイートピー』『SWEET MEMORIES』『瑠璃色《るりいろ》の地球』などがあります。松本さんはこれらの歌の歌詞を松田さんのあの声で歌ってほしいと思ったのでしょう。

松本さんはほかにも多くの歌の作詞をしています。たとえば、太田裕美さんの『木綿のハンカチーフ』や斉藤由貴さんの『卒業』、森進一さんの『冬のリヴィエラ』も松本さんが作詞した歌です。松本さんはそれぞれの歌手の声を考えて作詞されたのでしょう。

当たり前ですが、歌手は皆さん、それぞれ自分の独自の声をもって、独自の歌い方をしています。それはまさに身体性で、だからこそ、歌に個性や味わいも生まれます。単に音程を外さないだけの歌を聴くのであれば、コンピューターが歌った歌でもよいかもしれません。しかし、それでは生身の人間の身体性は感じられません。どこか味気なさを覚えるのではないでしょうか。

歌に限らず、たとえばアニメの『ドラえもん』と聞くと、自然に声が浮かんでくる人もいるでしょう。『ドラえもん』の声は大山のぶ代さんがしっくりくりする人も多いかもしれません。

声という身体性からも、私たちはさまざまなことを感じ取っているのです。

また、マンガがアニメ化された時、「ぴったり」と感じたり、「違う」と感じたりします。マンガのセリフに声を感じながら読んでいるということです。

方言も身体性を帯びている

身体性は時代や国、地域によっても特徴があります。江戸時代と明治時代の人の身体性は違うように思うし、東京と沖縄の人の身体性も違うように思います。

私はふだん東京にいますが、沖縄に行くと、歩く速度や話すテンポなどの身体性が違うことに気づきます。何日かいると、私自身の体も沖縄のリズムになじんでくるのですが、東京に戻ると、今度は東京の人のリズムは速いなと思ったりします。

関西人には関西人特有の身体性を感じます。大阪で男女20人ほどの大学生を相手に、刀で斬《き》る真似をしたことがあります。私が「ガッ」と斬る真似をしたら、なんと全員、「ウッ、アー……」などと言って、床に倒れてくれたのです。このリアクションとサービス精神、大阪だな、関西だなと思いました。東京で同じことをしても、まず誰もやってくれませんから。

方言にも身体性はあります。津軽弁、富山弁、名古屋弁、京都弁、広島弁、土佐弁、博多弁……それぞれの身体性があります。「どさ?」「湯《ゆ》さ」。これは「どこに行くの?」「風呂だよ」という津軽の言葉。津軽の人たちの身体性を感じます。

広島では幼児も「わしゃあ、○×△じゃけんのう」などと言うこともあるようです。映画の『仁義なき戦い』では広島弁が飛び交います。私は静岡で育ちましたが、『仁義なき戦い』の登場人物が静岡弁で話したら、迫力が足りなく、映画の魅力は半減してしまいそうです。

方言が廃《すた》れてしまうと、その地域の人の身体性も大きく失われてしまうでしょう。方言などによる違いはあるけれど、日本人全体には、農耕民族的な身体性が貫かれているように感じます。それはヨーロッパや中東、アメリカの人たちとは違った身体性です。

そのため、たとえば帰国子女の中には、日本人との会話やそのときの相手の表情などに戸惑う人もいるようです。外国の身体性が染みついていることによる違和感でしょう。反対に、長く日本に住んだアメリカ人が母国に帰国したら、「イエス」「ノー」がはっきり言えなくなっていたという話もあります。

時代、国、地域と身体性は密接につながっているのです。

こうして見てくると、私たちの身体は多くの文化や歴史を帯びていることがわかります。私たちの身体は私たちの人生とこの世界に重要な意味を持って存在している。そのことに改めて気づかされます。

【現象学の２人】

「私にはそう見えていること自体、絶対に疑うことができない」

フッサール

生没年……1859～1938
本　名……エトムント・グスタフ・アルブレヒト・フッサール
出身地……オーストリア・モラヴィア

現象学の祖。近代哲学が「主観」と「客観」で考えられていたのに対し、「客観」とは「主観と主観の間で共通する部分」に過ぎず、すべて「主観」のうえの現象として扱うことから名付けられた。ウィーン大学在籍時に数学から哲学に転じ、フライブルク大学退官後の後任にはハイデガーを指名。ナチス政権下ではユダヤ系学者として教授資格剝奪、著作発禁などの迫害を受けるも、膨大な草稿はナチスの検閲を逃れ残されていた。

主な著作：『イデーン』「現象学的還元」によって、自然と働いている根強い習性を遮断（エポケー）し、純粋意識を取り出す、フッサール現象学の根本原理を解説。

「私とは私の体である」

メルロ＝ポンティ

生没年……1908～1961
本　名……モーリス・メルロ＝ポンティ
出身地……フランス・ロシュフォール

サルトルと同じ高等師範学校で学び、第二次世界大戦後にサルトルと雑誌「レ・タン・モデルヌ（現代）」を創刊。実存主義を牽引するも、マルクス主義をめぐって決別する。思想的にはフッサールの現象学に強い影響を受け、「身体」をテーマにした現象学を展開する。精神と身体は別々に存在すると考えられた近代哲学以降、精神と身体のつながりを解いた哲学者であり、フーコー、ドゥルーズらの現代思想に大きな影響をもたらした。

主な著作：『知覚の現象学』フッサールの現象学をベースに、「精神」や「物質」ではなく、「身体」がもたらす経験の両義性に注目して、心身問題の解決をはかった。

【6】現代哲学③——構造主義

フェルディナン・ド・ソシュール　世界は差異によって豊かになる

「言語の体系なくして世界なし」

ソシュール（1857年〜1913年）は「近代言語学の父」といわれます。のちの構造主義に大きな影響を与えたことから、構造主義の源流に位置する人物でもあります。

偉大な言語学者で哲学者といえるソシュールですが、同じ19世紀に生まれたマルクス、ニーチェ、フロイトなどに比べると、日本ではそれほど知られた存在ではありませんでした。日本で一般に知られるようになったのは、1981年に丸山圭三郎氏の『ソシュールの思想』（岩波書店）が刊行されて以降のことです。

私たち人間は言語の網の目でこの世界をとらえていると、ソシュールは言います。言語の網の目、あるいは言語の体系があって、初めて人間は考える。そうであるなら、個人の人間よりも言語の構造のほうがより根底的な意味を持つことになります。

そうなると、人間観が揺らぎますね。人間個人を中心に考えるのではなく、言語の構造を考えた上で人間というものを考えるべきじゃないか、という視点が生まれるからです。

人間は言葉なしに世界をとらえることはできない。言葉がなくても生物としての人間はいるかもしれないけれど、それはホモサピエンスとはいえないのではないかとも思えてきます。

人間は常に言葉の網の目を通して世界を見ている。「言語の体系なくして世界なし」という感じです。言葉というのはそんなに大きな影響を私たちに与えているのかと、ソシュールの提唱に多くの人が驚きました。

木＝treeではない

ソシュールは「言語は差異の体系である」とも言いました。どういうことかというと、ある物とある物があるとします。その二つの物には何かしらの違い、つまり差異が認められる。その場合、一方はA、もう一方はBとしようということです。たとえば、身近にいる足が4本ある動物で、ワンワン吠えるのは「イヌ」、ニャーニャー鳴くのは

「ネコ」としようというようなことです。

それぞれの国や地域ではそれぞれの言語体系が発達したため、その国や地域の言語はほかの国や地域の言語にそのまま置き換わるわけではありません。

たとえば、日本語の「木」は英語では〝tree〟と訳されますが、木とtreeは完全に一致するとは限りません。treeには「木製の物」といった意味もありますが、木＝treeであるなら、「木＝木製の物」も成り立ち、おかしなことになってしまいます。

あるいは、日本語では机の材料も森にある植物も「木」の一語でいえます。「この机は木でできている」という表現もします。しかし、英語では「この机は木でできている」という場合の「木」に〝tree〟を使うことはなく、〝wood〟を使います。woodとtreeは違う概念だからです。

そうして考えると、日本列島に住む私たち日本人は、日本語という言語の体系、その言語の網の目を通して世界をとらえていることが改めてわかります。

さらに同じ日本人でも、雪国の人と南国の人では、「雪」を認識する言葉の網の目はずいぶん違います。雪がほとんど降らない沖縄では雪に関する言葉はあまり多くないと思いますが、雪の多い地方では粉雪《こなゆき》、牡丹雪《ぼたんゆき》、綿雪《わたゆき》、淡雪《あわゆき》、細雪《ささめゆき》など、雪を表わす言葉がたくさんあります。

リンゴの産地としても有名な青森の人は、リンゴを単にリンゴと言わずに、「ふじ」「つがる」「陸奥《むつ》」「紅玉《こうぎょく》」「ジョナゴールド」などと細かく分けて言う傾向もあるようです。

差異は意味を生み出し、世界を豊かにする

世界を言葉によって区切ることをソシュールは「分節化」と言い、丸山氏は「言分《ことわ》け」と言いました。ソシュールは「人間は言語によって世界を分節化している」とも言っています。人間は言葉で世界を切り取り、分けているのです。雪やリンゴを細かく分けることも分節化です。

差異は意味を生み出し、世界の分節化を進めていきます。

たとえば、野球のピッチャーが投げるボールでは、ストレート、カーブ、シュート、スライダー、フォークなどは多くの人が知っています。

しかし近年は、ツーシーム・ファストボールなど、それまでは聞いたことのなかった新たな球種も登場しています。単なるストレートでもない、カーブでもない、シュート

とも違う。これは新しい概念が必要じゃないか。では、こう名づけようとなって、新たな言葉がつくり出されていきます。

相撲では、ふだん見られない技で決まることが稀《まれ》にあります。たとえば、居反《いぞ》り。腰を低く落として、相手が上にのしかかるようにしてきたとき、両手で相手の膝のあたりを抱えるか、押し上げるかして、後ろに反《そ》って相手を倒す技です。非常に珍しいので、相撲ファンでも、この技が出たときは驚くようです。でも「居反りだ」とわかると、納得できることにもなります。

ツーシーム・ファストボールという球種がある。居反りという決まり手がある。そういうことがわかると、それらを学んで身につけようという動きにもつながります。

スポーツだけではありません。色の世界、たとえば青でも、水色、空色、紺色《こんいろ》、藍色《あいいろ》、群青色《ぐんじょういろ》など、いろいろな青があるということは、それだけ青を区別して認識し、表現する術が培われていることでもあります。それによって、商品や芸術に幅が生まれることにもなります。

差異によって言葉が生まれ、世界が分節化されていくことは、その世界が豊かに奥深くなっていくことといえます。

「サル」は「キーキー」でもいい？

ソシュールは「シニフィアン」と「シニフィエ」という概念も提唱しています。

シニフィアンは、もともとは「意味しているもの」の意味で、言葉の音《おん》のことです。一方、シニフィエは「意味されているもの」の意味で、言葉の内容のことです。ソシュールによると、この二つの結びつきは恣意《しい》的です。

たとえば「猿」は「サル」という音がシニフィアンで、あの生き物の「猿」がシニフィエ（内容）です。

でも、猿は「サル」と言わなくても構わないはずです。「キーキー」でもいいし、「チマピン」でもいいし、「ズンダーランバ」でもいいはずです。実際、英語圏の人は「サル」ではなく「モンキー（monkey）」と言います。「サル」とは言わないわけです。しかし、日本人は「サル」と言う。でも、そのシニフィアンに意味はあまりありません。

ある動物を見たとき、日本人はそれを「サル」と名づけ、イギリス人は〝monkey〟と名づけたのでしょう。同じ動物なのに、言葉が違うということは、そこに必然性は認められません。もし「サル」である必然性があるなら、世界中どこに行っても、誰もが「サル」と言うはずです。

こうしたことから、ソシュールは「言葉は恣意的な体系である」と言いました。恣意とは、勝手気ままであること、適当であるということです。つまり、ソシュールは「言葉の音（シニフィアン）と言葉の内容（シニフィエ）の結びつきは、論理的に決められているわけではない。けっこう適当なものだ」と言ったわけです。

より本質的な恣意性は、記号（シーニュ）と記号（シーニュ）の間の区切られ方が恣意的であることにあります。「言語は差異の体系」なのですが、その「差異」自体が恣意的なのです。

適当でいい加減なところを持つ言葉の体系を使って、私たちはこの世界を見て、判断し、生きている。ソシュールのこの指摘は、なかなかに衝撃的です。

〝言葉の乱れ〟がその言語を発展させることもある

「ラング」と「パロール」という概念もあります。ラングは言語の規則や文法で、パロールは話し言葉です。

パロール、つまり話し言葉は文法的に正しいとは限りません。主語と述語がねじれていたり、辻褄《つじつま》が合っていなかったりするのは、誰もがしていることです。

辞書には載っていない言葉を勝手につくって、話すようなことも行なわれます。「非常に」「極めて」といった意味で、「超《ちょう》」や「激《げき》」が使われたりすることもあります。「超激レア」（極めて珍しく、希少価値がたいへん高い）など、超と激の合成語も生まれています。

パロールは、その場その場の会話で生まれるものなので、ルール破りはけっこう多いのです。ルールにとらわれず、自在に、あるいは適当に発せられることはパロールの特徴の一つで、そこから新しい言葉やルールも生まれてきます。

歴史を振り返っても、こうしたことはたくさん行なわれてきました。

一例を挙げれば、江戸時代までは「です」「ます」という言い方はほとんどされていませんでした。たとえば、江戸時代の江戸に住む人たちは、男性であれば「ございます」、女性なら「でござんす」などと言っていました。「です」は軽薄な言葉と見なされていたようです。それが幕末から明治時代の初期にかけて、「です」や「ます」が少しずつ広く話されるようになります。

その話し言葉の「です」「ます」を、今度は小説家で詩人の山田美妙《びみょう》などが書き言葉で使うようになりました。こうして、山田美妙は言文一致運動の先駆者になります。

もう一人の先駆者、二葉亭四迷は『浮雲《うきぐも》』を書く際に落語を参考にしたといわれます。落語は語る言葉ですから、まさにパロールです。

さらに夏目漱石なども言文一致で書くようになったため、言文一致の流れは加速していきます。おかげで、今の私たちも100年ほど前の文学作品を難なく読めるという恩恵に与《あずか》ることができているのです。

文法的に固まった言葉であるラングを話し言葉のパロールが突き崩しながら言語は発展していく。そう言ったソシュールのとおりのことが日本でも起きているわけです。

今では、ネット言葉や女子高生言葉などが毎年のように生み出されています。そうした新語を「言葉の乱れ」として顔をしかめる向きもあります。

哲学者のジャック・デリダ（1930年〜2004年）も、ソシュールに反論したことがあります。

しかし、話し言葉を中心に生み出された言葉がその言語に活力を与え、その言語を成長させていくことも確かにあるでしょう。

日本語が持つ力

明治時代の前半には、非常に多くの言葉がつくられました。今、私たちが当たり前のように使っている「社会」「科学」「存在」「権利」「恋愛」「哲学」などの言葉は西周《にしあまね》や福沢諭吉などの先人たちによって翻訳された、比較的新しい言葉です。

たとえば〝right〟を福沢は当初、「通義」や「権理」と訳しています。結局、〝right〟は「権利」として定着し、今に至りますが、〝right〟は正しい理《ことわり》でもあるので、「権理」のほうがむしろ適切な訳ではないかと思ったりもします。

それまではなかった概念が外国から入ってきて、それを翻訳したことで、日本語はいっそう豊かになっていきました。法律用語、経済用語、医学用語などの専門的な言葉も翻訳され、造られ、整理されていきました。

日本人は世界の先端知識をほぼすべて日本語で学ぶことができます。大学教育も基本的には日本語で行なわれています。

そうしたことを私たちは当たり前だと思っているかもしれませんが、母国語で高等教育を受けられる国ばかりではありません。高校以上、あるいは大学以上の勉強は母語では学べず、英語で学ばなくてはいけない国も世界には少なくないのです。母語では学べないから、仕方なく英語で学ぶことになるわけで、これはその国にとっては弱点といえます。

明治時代だけでなく、日本は古来、外国の言葉を上手に取り入れ、日本語を発達させてきました。漢字を取り入れたり、漢字から万葉仮名を編み出したり、漢文に返り点を付けて、日本語のように読み下《くだ》したり。

日本語がこうして整備され、発展し続けているおかげで、私たちは世界のさまざまな知を日本語で吸収することができているのです。

言語が変わると、感性も文化も変わる

ソシュールの言語学を学ぶと、私たちは日本語を母語としているから日本人なのだな、ということに気づかされます。すべてではないにしても、そうした部分は多分にあるはずです。

たとえば、アイヌの人たちはさまざまなものに神を見ます。「カムイ」は神の意味で、アペフチカムイは火の神様、キムンカムイは山の神様です。アイヌの人たちはカムイに囲まれて暮らしているのです。

そこにはアイヌの言葉の体系があります。日本語とも英語とも、フランス語ともドイツ語とも、中国語ともマレー語とも違うアイヌ語の体系があります。独自の自然観がアイヌ語には溶け込んでいます。

仮にアイヌ語が滅んだとしたら、アイヌの血統の人がいても、民族の誇りが失われ、日本人に同化していくかもしれません。国や民族にとって、言葉はそれほどに大きな存在です。言語は国や民族をつくってもいるのです。

第二次世界大戦で敗戦国になった日本は1945年、連合国に占領されました。もしこのとき、「日本語は廃止する。今後、日本の公用語は英語とする」と連合国に命令されていたら、その後の日本人の精神性は変わっていったでしょう。

今、日本にいる日本人も、ある年代以上の高齢者しか日本語がわからない。それ以下の人たちは日本語がまったくわからないか、教養としてか趣味でたしなむ程度。そうなっていたら、今、日本列島に住んでいる日本人はずいぶん違った日本人になっていたはずです。

桜の花を見て、和歌や俳句を詠み、その美しさや儚《はかな》さに思いを重ねてきたのが、「桜の花」が〝cherry blossoms〟になると、だいぶ変わってしまうでしょう。言語が変わると、感性も変わり、文化も変わっていくのです。

高いワインはなぜありがたいか

ソシュールは「シニフィアン」と「シニフィエ」という概念も提唱したと書きましたね。これら二つを合わせて、「シーニュ」とソシュールは呼びました。シーニュは日本語では「記号」です。言葉を一つの記号＝シーニュとして、シニフィアン（音）とシニフィエ（内容）に分けて考えたのです。そのため、ソシュールは「記号論（記号学）」の創始者ともいわれます。

記号論はその後、フランスの哲学者、ロラン・バルト（１９１５年～１９８０年）や同じくフランスの哲学者であるジャン・ボードリヤール（１９２９年～２００７年）などが展開しました。

たとえば、ジャン・ボードリヤールは「私たちはこの社会で記号を消費している」といったようなことを言いました。

「最近、毎晩、ロマネ・コンティを飲んでるんだ」

こんなことを自慢げに話す人がいるとしたら、それは「世界有数の高価なワイン」であるロマネ・コンティを飲める自分を誇っているのかもしれません。

本当は味の違いがよくわからないのに、気分で飲んでいる人は、「ロマネ・コンティという記号」を飲んでいることになります。『芸能人格付けチェック』というTV番組がありますが、ラベルを隠して、安いワインとロマネ・コンティを飲み比べた場合、意外に区別がつかない〝ワイン好き〟も多いものです。「ロマネ・コンティだから」「高いワインだから」おいしいと思ってしまう可能性もあります。これは〝ブランドの威力〟でもあります。

記号論には、実体だけではなく、デザインやネーミングも含めて世界を見てみるおもしろさがあります。

同じ実体でも、ネーミングなどの見せ方一つで与える印象を大きく変えることもできます。芸能界では近年、「オネエタレント」とか「ハーフ枠」などといったくくりに入る人たちがいますが、これはそうした記号であると考えることもできるでしょう。

さまざまな事物を記号化することができるし、反対に、これは記号ではないかと思って事物を見ることもできます。これには必ずしも意味や実体はないんじゃないか、あるのは記号だけじゃないか。そんなふうに世界を見てみることもできるのです。

クロード・レヴィ＝ストロース　必要なときに必要なものを

思考や行動の背景には構造がある

ソシュールの専門が言語学であるのに対して、レヴィ＝ストロース（1908年～2009年）の専門は文化人類学です。

レヴィ＝ストロースはソシュールが言語学において使った手法を文化人類学に適用しました。そして、まず社会や文化といった「差異の体系としての構造」があって、その中に人間が存在していると考えました。

レヴィ＝ストロースは書物で学ぶだけの人ではありません。抽象的な議論では飽きたらず、自ら調査に出向き、そこでさまざまな知見を得ています。

なかでも、アマゾン川流域におけるフィールドワークでは、多大な成果を上げました。

たとえば、著作『親族の基本構造』には、近親婚を未然に防ぐための結婚のルールが〝未開〟の部族にはあることが書かれています。

そのルールは「交叉《こうさ》イトコ婚」と呼ばれるものですが、ルールにのっとって結婚している意識は当人たちにはありません。一人一人の意識ではなく、その世界に内在している構造によって婚姻が成立し、部族は存続していると、レヴィ＝ストロースは言うのです。

サルトルなどは、自分で選択し、主体的に生きることを勧めましたが、レヴィ＝ストロースはそれとはずいぶん異なる思想です。人間は必ずしも主体的に考え、自由に動いているわけではなく、思考や行動の背景には、社会的・文化的な構造があると指摘しているのですから。

近代文明とは異なる「野生の思考」

レヴィ＝ストロースは西洋中心主義の思想や思考法を批判、あるいは相対化しました。世界には西洋の考え方とは違った考え方が存在しているし、それはそれで高度な文化構造を持っていると言いました。

西洋人の思考法を「文明の思考」、未開といわれる人たちの思考法を「野生の思考」と、レヴィ＝ストロースは呼びました。これらはどちらが勝《まさ》っていて、どちらが劣っているというものではありません。西洋の合理的な思考とは別の合理性を有した思考です。

たとえば「ブリコラージュ」という概念があります。目の前にあるあり合わせのもので、何かを適当につくることで、「器用仕事」などと訳されます。

器用な人は日曜大工でも、ちゃちゃっと置物やちょっとした椅子などをつくりますね。あるいは、上手な料理人はあり合わせの材料でおいしい料理をつくる。そのようなことをブリコラージュと呼んだわけです。

ブリコラージュには設計図のようなものも計画も特にありません。必要に応じて、その場その場で対応して、つくっていきます。それは、野生の思考の特徴でもあります。

一方、設計図をもとに計画的にものをつくっていくのは、文明の思考の特徴です。

近代的価値観からすると、未開社会より西洋社会、野生の思考より文明の思考のほうが優れているように思えますが、レヴィ＝ストロースは「未開社会の野生の思考」には、優れている点がたくさんあると言います。

西洋が最も優れているわけでも、最も進んでいるわけでもない。レヴィ＝ストロースからはそうしたメッセージを感じ取ることができます。

西洋中心主義からの解放

野生の思考は、必要なときに必要なものをつくり出すので、環境に与える影響は非常に小さいものです。

しかし文明の思考は、環境を破壊し、戦争を繰り返し、核兵器までもつくってしまった側面があります。文明の思考は行きすぎてしまったと感じる人も少なくないと思います。

それに加えて、欧米人も日本人も、西洋の考え方に縛られている部分がありそうです。レヴィ＝ストロースを学ぶと、その縛りから放たれる可能性があります。

著作『悲しき熱帯』の最終章には「世界は人間なしに始まったし、人間なしに終わるだろう」と記されています。「人間を駆り立てているあの衝動」を抑え、「歩みを止めること」が大切、とも。

環境問題やエネルギー問題などを考えても、レヴィ＝ストロースが投げかけた西洋思想や西洋文明を相対化するメッセージは今なお生き続けているといえるでしょう。

【構造主義の2人】

「言葉には差異しかない」

ソシュール

生没年……1857〜1913
本　名……フェルディナン・ド・ソシュール
出身地……スイス・ジュネーヴ

言語学者であるソシュールは「近代言語学の祖」とされ、言語による分け方の違いによって異なる世界が現われると説いた。ジュネーブの名門一家に生まれ、10代に発表した言語学の論文が注目を浴びる。自ら著作は残しておらず、しかも講義が終わると草稿を破り捨てていたらしいが、わずかに残された草稿と聴講生のノートをもとに『一般言語学講義』が編纂され、言語学だけでなく、のちの構造主義に多大な影響を与えた。

主な著作：『一般言語学講義』弟子たちによって編纂されたジュネーブ大学での講義録。哲学だけでなく、文学のバルトや精神分析学のラカンらにも継承された。

「世界は人間なしに始まったし、人間なしに終わるだろう」

レヴィ＝ストロース

生没年……1908〜2009
本　名……クロード・レヴィ＝ストロース
出身地……ベルギー・ブリュッセル

サルトルと同じパリ大学で哲学を学び、高校の哲学教師に。その後、ブラジルのサン・パウロ大学に社会講師として赴任。現地の部族を調査研究し、文化人類学に転向、1959年、コレージュ・ド・フランスの社会人類学講座の初代教授となる。『野生の思考』を刊行し、サルトルの実存主義を批判。構造主義ブームの火付け役となる。西洋から見た「未開の地」に高度な文化構造が存在していることから、西洋近代の優位性を覆そうと試みた。

主な著作：『野生の思考』未開人の思考の合理性を明らかにし、西洋文明の偏見を暴き出す。『悲しき熱帯』ブラジルの少数民族への取材から得られた考察をまとめた。

【7】現代哲学④——ポスト構造主義など

ジョルジュ・バタイユ　エネルギーを爆発させ、生を謳歌する

エネルギーを爆発させて、消尽する生き方

バタイユ（1897年〜1962年）はニーチェから大きな影響を受け、ミシェル・フーコー（1926年〜1984年）やジャック・デリダ（1930年〜2004年）などに影響を与えた、フランスの哲学者で作家でもあります。『エロティシズム』などの著作があるように、バタイユはエロティシズムについてもたくさん論じています。

境界線を越えていくところにエロティシズムがあると、バタイユは言います。社会規範やルールを侵犯するときに覚えるドキドキ、ゾクゾクするような感覚。バタイユによると、それはまさにエロティシズムです。

経済においても独自の論を展開しています。儲けて蓄積するのではなく、散財して、消尽《しょうじん》することこそが経済活動の本質ではないかというのです。

世界各地にさまざまな祭りがありますが、考えようによっては、祭りはまったく無駄な行為といえます。神輿《みこし》を担いでも何も生まれないし、激しい祭りでは、亡くなる人もいます。

収穫した大量のトマトを投げ合う祭りがスペインにあります。もったいないと思う人もいるでしょうし、無駄以外の何ものでもないと思う人もいるでしょう。

しかしバタイユは、余剰エネルギーを爆発させて、騒いで、消尽する行為こそが楽しいんじゃないかという見方をしました。

性行為で「脱自」する

ため込まずに、使い果たす行為は、自分を脱する姿に通じます。男女間の性行為も自分を脱する行為といえます。

バタイユは性行為などで感じる感覚を「脱自《だつじ》」あるいは「忘我」と呼び、エクスタシーを肯定的に論じました。性行為などで我を忘れ、いつもの自分の境界を越えていく。それでいいじゃないかと説きました。

バタイユの思想を学ぶと、人間の根源的な欲望が沸き起こってきて、元気が出てきます。まじめに堅苦しく生きるだけでなく、自分の殻を抜け出して、はじけていいんだという思いに駆られます。

働いて、ため込んで、縮こまってばかりしていなくてもいいんじゃないか。一所懸命働いたら、思いきりお金を使って、思いきり楽しんでもいいんじゃないか。何のために働いているんだ。楽しもうじゃないか。……そんな気持ちにもさせられます。

祭りのために働くもよし

日本人はもともとまじめな人が多いと思いますが、近年は不況が続いたり、経済格差が広がったりしたこともあって、まじめな人がいっそう増えている印象を受けます。特に若い人たちは小さくまとまっている人が多いように感じます。

まじめな人が多いのはよいことだし、小さくまとまるのが悪いわけではありませんが、まじめ一辺倒でこぢんまりしては、個人のエネルギーや社会全体の活力に欠けてしまいます。

はじける、騒ぐ、散財する、蕩尽《とうじん》する、壊す……。もちろん、他者に迷惑をかけないことなどは必要ですが、こうしたエネルギーの使い方があってもよいでしょう。それが個人にも社会にも活力を与えてくれることがあります。

ロックのコンサートなどは、特に何かを生産するわけではありません。ロック・コンサートに行くのは、自分のエネルギーをひたすら消尽するようなものです。

それでも、ロック・コンサートに行く人はいます。立ち上がって、手拍子して、一緒に歌って踊る。エネルギーを爆発させて、生を謳歌している感じです。

私はロック・コンサートに行くために働いているんだ。俺は祭りで太鼓を叩くために働いているんだ。祭りと仕事、どっちが大事かって？　そりゃ、祭りに決まってんだろ。……こんなふうに思っている人もいるでしょう。バタイユなら、「それでよし！」と言いそうです。

今の日本人、特に若い人たちは〝バタイユのエネルギー〟を学び、取り入れてみるのもよいかもしれません。

ミシェル・フーコー　今こそ、微視的な権力に警戒する

人間はやがて消滅する

１９６６年に出版された、フーコー（１９２６年〜１９８４年）の著作『言葉と物』は当初、構造主義の書として読まれました。同書はベストセラーになって、フーコーは一躍、構造主義の旗手《きしゅ》と呼ばれるようになります。ただ、本人は構造主義とは距離を置いていたようです。その点からすると、ポスト構造主義（構造主義後）の枠組みに入る哲学者かもしれません。

「人間は波打ちぎわの砂の上に描いた顔のように、消滅するだろう」

これは『言葉と物』の最後に書かれている一文です。「神は死んだ」とニーチェは記しましたが、人間までも滅びてしまうのかと、この言葉は驚きをもって受け止められました。

私たちは「人間」という存在を普遍的に思っているかもしれませんが、人間について声高《こわだか》に言うようになったのはわりに最近で、19世紀以降だといいます。

フーコーのこの考えの背景には「エピステーメー」という概念があります。エピステ

ーメーは、古代ギリシャでは「学問的な知識」を意味しますが、フーコーはこれを「その時代に共通する知識や学問の土台」と考えました。

フーコーは西洋の社会を「16世紀以前」「17〜18世紀」「19世紀以降」の三つの時代に分けて、エピステーメーを考察しています。

18世紀までは、人間についてそれほど関心は向かっていなかったけれど、19世紀になると、人類学や心理学、歴史学、言語学などの学問が生まれ、人間や生命といったものに関心が向くようになったと、フーコーは考えました。そしてやがて、その人間は終焉を迎えるだろうと言ったわけです。

エピステーメー

16世紀以前のエピステーメー
動植物の存在の意味に関心を持ち、それに関わる伝説や自然の「記号」を解く。

17〜18世紀のエピステーメー
世界とは可視化できるものであり、動植物を見た目によって区別、分類する。

19世紀以降のエピステーメー
動植物の器官や機能に関心が移ることで、「人間」や「生命」という概念が生まれた。

人間とはそもそも何なのか

リチャード・ドーキンス氏の『利己的な遺伝子』には、人間は遺伝子の乗り物だというようなことが書かれています。

男性が女性を選ぶのも、女性が男性を選ぶのも、自分の遺伝子を修正したいからだ、などといった記述を読むと、人間とは何なのかということを改めて考えさせられます。

遺伝子を中心に生命を考えると、人間という概念はどうなるんだろう？　それこそ、フーコーの言うように消えてしまうのではないかとも思えてきます。

また、瀬名秀明氏の小説『パラサイト・イヴ』（新潮文庫）などを読むと、ミトコンドリアを生かすために人間は存在しているのではないかと思ったりもします。

ミトコンドリアは人間などの生物の各細胞の中に寄生している単細胞生物のようなものです。もともとミトコンドリアと人間は関係なかったのに、ミトコンドリアは人間の体の中にも入り込んで、すでに人間はミトコンドリアなしには生きていけなくなっています。私たちがエネルギーを上手に使えているのは、ミトコンドリアあってのことだからです。そして、そのミトコンドリアは遺伝を通じて、すべて次の世代に受け継がれていきます。

考えようによっては、人間はミトコンドリアを生かすために存在しているともいえます。ミトコンドリアにとっての主体はミトコンドリアで、人間は自分たちを生かす道具になるかもしれません。

さらに、人間って、どこまでが人間なの？　という疑問も起こります。私はどこからどこまでが私なのか、とか。

フーコーによると、19世紀以降の人々の関心は人間や生命に向かいました。そもそもその人間とは何かという根本の問題も今、問われているのかもしれません。

巧妙な監視でつくられる「従属する主体」

フーコーは著作『監獄の誕生　監視と処罰』で、社会を非常におもしろい視点で分析しています。そのおもしろさは恐ろしくもあるのですが。

人間は自分を監視して、自分を服従する主体に仕立て上げてしまうところがある。その際には、微視的《びしてき》な権力がどんどん働いて、人間はそれを自分の内側に取り込んでしまう。フーコーはそのように言います。

これだけではわかりにくいでしょうから、説明を加えてみます。

フーコーはパノプティコン（一望監視装置）を例に使って権力について考察しました。パノプティコンはイギリスの思想家、ジェレミー・ベンサム（1748年～1832年）が考案した監獄の建築様式です。

監獄の中心に監視塔が置かれ、そこにいる監視員は周りにいる囚人たちを一望することができます。一方、囚人たちは暗い塔にいる監視員を見ることはできません。囚人たちは明るいガラス張りの部屋に入れられ、監視員たちはいわばマジックミラーのある部屋から見ている感じです。囚人たちは独房に入れられているので、連絡を取り合うこともできません。監視する側からすると、非常に便利で効率のよい建築様式です。

この状況が続いていくと、どうなるでしょうか。囚人たちは常に見られているという意識が働くため、自己規制も働いて、妙なことはできなくなります。囚人たちには監視塔の内部は見えないから、監視塔に監視員がいなくても、やはり自分を規制することになります。監視の一方向的な視線を内面化することになります。

誰に命じられたわけでもないのに、勝手に自分で自分を監視するようになるのです。このようになった人のことをフーコーは「従属する主体」と呼びました。

微視的な権力に警戒せよ

囚人だから、仕方ないよな。……そんなふうに思う人もいるかもしれませんが、このやり方は学校や会社などで応用することができます。

たとえば、会社のオフィスや廊下などに監視カメラを設置しておけば、社員は自分で自分の行ないを規制して、ひと休みしようともせず、経営者や上司の期待に応えようと行動するようになるでしょう。

経営者や上司がときおり社員を呼びつけて、「あなた、サボっていましたね。しっかり見ていましたよ。次、同じようなことがあれば、減給にしますよ」などと言えば、監視カメラの効果はいっそう上がります。

このようなことをすると、少なくとも短期的にはその会社の売上げや利益は上がるかもしれません。しかし、社内の雰囲気は悪化し、オフィスにはよどんだ空気が漂うようになるでしょう。

監視する側は暴力などの強力な力を使っているわけではありません。監視しているだけです。でも、これが大きな力を持つ。人を言いなりにさせ、自ら服従する存在に変えることもできる。こうした力をフーコーは微視的な権力と呼び、その恐ろしさを喚起しました。

現在の日本社会にも当てはまる警告

日本では、２０１６年からマイナンバー制度が導入されました。これによって、行政手続きが簡素化され、国民が行政サービスを受けやすくなるなどのメリットが期待できそうです。

しかし一方、マイナンバー制度によって得られた個人情報が〝悪用〟される危険性もあります。あるいは、収入、貯蓄、過去の経歴、健康状態、さらには遺伝子情報まで行政側が把握できるようにでもなったら、その個人情報はどのように使われるかわかりません。

放送法の規定をもとに「テレビの放送の内容によっては電波を停止することもありうる」と、総務大臣が発言したこともありました。

そうなると、メディアは自己規制をするようにもなります。「いつも監視しています。番組を全部チェックしています」などと、総務省などから言われたら、メディアは政府に批判的な番組をつくるのを自粛するようにもなるでしょう。反対に、政府に気に入られるような番組ばかりを制作するようになるかもしれません。これでは、メディアは従属する主体です。

かつてヨーロッパ社会では、王族や教会が絶大な権力を持っていました。しかし今、ヨーロッパでもアメリカでも日本でも、そうした大きな権力に国民が縛られることはほとんどありません。

しかし代わりに、諸々の制度や人々の目が私たちを監視する社会になりつつあるのかもしれません。フーコーはそうした社会のありようは危険であると、訴え続けました。背景には、フーコーが同性愛者だったことも関係しています。同性愛への偏見や差別に対する怒りが監視社会への鋭い眼差しを生んだともいえます。

ジル・ドゥルーズ　差異を認め合い、多様性を認め合う

「トゥリー」よりも「リゾーム」

ドゥルーズ（1925年~1995年）はポスト構造主義者の代表格の一人に挙げられます。「ドゥルーズ＝ガタリ」として、精神科医のフェリックス・ガタリ（1930年~1992年）と何冊かの共著も出版しています。

ドゥルーズたちは多くの言葉をつくっています。「トゥリー（ツリー）」と「リゾーム」も彼らの概念です。

トゥリーとは、樹木のように上から下までしっかりした体系ができあがっている構造のことです。上下関係や指示系統がかっちり決められている軍隊などはいかにもトゥリー的です。

一方、リゾームは地下茎《ちかけい》や樹木の根のように、上下の関係なく、周囲に網の目のように増殖していくような構造のことです。

組織を考えた場合、指示命令が秩序よく、スムーズに行き届くのはトゥリーです。しかし、トゥリーの組織では、個人は抑圧され気味で、息苦しさを感じるかもしれませ

ん。

リゾームはトゥリーよりも人のつながりが自由で、他者と多様な形で連携し、多方面に広がっていくことができます。インターネットの世界も、まさにリゾームです。

ドゥルーズたちは、これからの人間や社会はリゾーム的な思考になることを勧めました。

「ノマド」になれるか

ドゥルーズたちはノマド的な生き方も推奨しています。

「ノマド」は、英語で「遊牧民」の意味です。一般的に定住民は、限られた土地に住んで、閉じられた人々と閉じられた交流を行ないます。一方、ノマドは制限のない空間を漂い、開かれた交流を行ないます。

働き方でいえば、ノマドは特定の会社に属さずに、そのときどきでいろいろな人と交流して、アイデアを出し合ったり、新しいプロジェクトを起こしたりするようなスタイルです。

ノマド的な生き方、働き方って、カッコいいな、と思う人もいるでしょう。毎朝、出社しなくてもいいし、上司や部下に気を遣うこともないだろうし、わがままな客にペコペコ頭を下げる必要もなさそう。わが道を行く自由人という感じで、憧れる。……そんなふうに思う人もいるかもしれません。

よし、これからはノマドで生きるぞ。会社なんか、もう辞める。……そう決意して、実行に移そうとしても、実際にはフリーターのようになってしまう人もいます。アルバイトを掛け持ちして、生計を立てるようになって、イメージしていたノマドとはずいぶん違ってしまう場合もあります。

日本では、所属する場所を持たないことはかなり不自由になってしまうという現状があります。リゾームだ、ノマドだと、新しいあり方や生き方に理想を追い求め、取り組んでみたものの、行き詰まってしまって、逆に不自由な人生になってしまうという現実もあるのです。

とはいえ、何かしら秀でた能力を持っていて、フリーランスで仕事をしている人も、もちろんいます。そうした人の中には、かなりノマド的な生き方をしている人もいるでしょう。ただそれでも、社会性をまったく持たずに仕事をすることはできないというべきでしょう。

差異を認め合い、多様性ある社会へ

リゾームやノマドは、しがらみや差別、排他性を排除することにもつながります。人の関係は上下でなく、もっと自由に、大らかでいいじゃないか、という発想にもなります。

リゾームでノマド的に生きれば、トゥリーでは出会うことのできなかった人と巡り会い、ワクワクするような仕事や遊びをする機会も持てるようになるかもしれません。

さらに、リゾームやノマドは、それぞれの生き方や社会の中にある差異や多様性を認め合うあり方でもあります。

たとえば、同性愛者に対する差別は世界的に長く続いていました。批判され、責められて、自殺した人もいます。

しかし最近は、同性愛に対する理解が進み、単なる差異、ちょっとした違いにすぎないと考える人が増えています。法律を変える国も出てきています。

多様性を認め合い、もっと自由に、開かれた社会を生きよう。ドゥルーズたちが発したメッセージにも学ぶべきところはたくさんあるでしょう。

【ポスト構造主義などの３人】

**「人間は波打ちぎわの砂に描いた顔のように、
終焉するだろう」**

フーコー

生没年……1926～1984
本　名……ミシェル・フーコー
出身地……フランス・ポワティエ

同性愛者という苦悩から精神的に不安定な青年期を送り、二度の自殺未遂を起こす。その後、『言葉と物』を出版、構造主義の旗手とみなされたが、構造主義とは距離を置き、『監獄の誕生』『知への意志』発表後は、ポスト構造主義者とされるも、本人は一貫して「歴史家」を名乗った。「功利主義」を説いた思想家ベンサムが考案した刑務所の監視システム「パノプティコン」を、民主国家における権力にたとえて論を展開した。

主な著作：『言葉と物』時代ごとのエピステーメーの構造とその変遷を説いた主著。
『監獄の誕生』「刑罰」の変容をたどり、人間から主体性を奪う権力構造を暴く。

パノプティコン

フーコーは民主国家をパノプティコンと呼ばれる監獄にたとえている。
中央の監視室は暗くなっており、囚人たちからは監視員が見えない。
これによって囚人は常に規律に従わなくてはならず、やがて誰に強制されるでもなく自ら規律を守るようになるというものである。
このような原理は日常のいたるところであり、私たちはいつでも、無意識のうちに社会の規範に従うようになる。

「エロティシズムの本質は、性の快楽と禁止との錯綜した結合の中に与えられている」

バタイユ

生没年……1897～1962
本　名……ジョルジュ・アルベール・モリス・ヴィクトール・バタイユ
出身地……フランス・ビヨム

名門グランゼコールの一つ、国立古文書学校を卒業後、国立図書館の司書に。敬虔なカトリック信者だったが、ニーチェやフロイトの影響で夜の娼婦街に繰り出すようになり、27歳で信仰を捨てる。31歳で女優と結婚するも、放蕩生活は激しくなるばかりだった。人間は不連続だからこそ連続性を求め、「死」は永遠への入り口＝連続性であるとし、「死」を求めるところに「快楽」が生まれるという新たな思想、「エロティシズム」を打ち立てた。

主な著作：『エロティシズム』エロティシズムと何か。人間の性と動物の性はどう違うのか。「美」とはどのような関係にあるのかなど、その本質と意味に取り組んだ。

「あなたが従わなければならないのは、あなた自身に対してなのだ」

ドゥルーズ

生没年……1925～1995
本　名……ジル・ドゥルーズ
出身地……フランス・パリ

ソルボンヌ大学で哲学を学び、高等中学校の教員を経て、パリ第8大学の教授に就任。ヒューム、スピノザ、ベルクソン、ニーチェらを独自に読み解き、「差異の哲学」を構築。精神分析家のガタリとは『アンチ・オイディプス』『千のプラトー』など5冊の共著を発行した。最期はパリのアパルトマンから投身自殺。21世紀を前に逝ってしまったが、「リゾーム」など、現代の情報社会を予見していたとされ、日本の思想にも大きな影響を与えた。

主な著作：『アンティ・オイディプス』人間は欲望を満たす機械に過ぎないと説く。『千のプラトー』樹木の根のように自在に伸びるシステム「リゾーム」を説く。

哲学者のプロフィールと図版は、主に以下の書籍を参考にして編集部で作成しました。『岩波哲学・思想事典』廣松渉 編（岩波書店）、『もういちど読む山川哲学』小寺聡 編（山川出版社）、『哲学用語図鑑』田中正人 著 斎藤哲也 編集・監修（プレジデント社）、『図解いちばんやさしい哲学の本』沢辺有司 著（彩図社）、『世界一わかりやすい教養としての哲学講義』小川仁志 監修（宝島社）

おわりに

本書ではここまで、哲学を生きるとはどういうことか、西洋の哲学はどんな歴史を持っているのかを記し、さらに、主立った西洋の哲学者たちの思想や思考法を紹介してきました。

へー、そうなんだ。なるほど、そういうことか。そんな発想はしたことがなかったな。うん、それはおもしろい見方だ。……そうした驚きや知の発見が少しでもあったとしたら、著者としてはうれしい限りです。

それに加えて、そうした発見やものの見方、考え方を日々の暮らしに活かしてもらえれば、いっそううれしく思います。

とはいえ、哲学者の思考法は膨大にあるから、すべてを試みるのは至難です。自分が特に気に入ったもの、あるいは気になったものをまずは試してみるとよいでしょう。

ソクラテスが言うように、「無知の知」を自覚することから始めよう。今、私はべーコンの言うイドラに陥っているんじゃないか。ハイデガーの言う本来的な生き方をしているか、今一度、考えてみよう。フッサールが言うように、ここは一回エポケーしてみよう。……そのようにして、哲学を使ってみてください。

その上で、この思考法は自分には合わないな、どうもしっくりこないなと思ったら、別の哲学を試してみればいいのです。

読んで、学んで、なるほどと思ったら、試してみる。実践してみる。自分の人生に活かしてみる。そうすることが哲学を生きることになります。

私自身、人生を振り返ってみると、哲学を自分の力、「技」としてきて本当によかったと感じています。自分の内側に強力な援軍が常にいるような感覚です。

本書が読者の皆さんの豊かな人生の一助になることを願っています。

この本が世に出るに当っては、平出浩さんとベストセラーズの山内菜穂子さんから大きな御助力をいただきました。ありがとうございました。

２０１６年5月

齋藤　孝

齋藤 孝（さいとう・たかし）
1960年静岡生まれ。明治大学文学部教授。東京大学法学部卒。同大学院教育学研究科博士課程を経て現職。『身体感覚を取り戻す』（NHK出版）で新潮学芸賞受賞。『声に出して読みたい日本語』（草思社）がベストセラーになり日本語ブームをつくった。著書に『大人の精神力』（ベスト新書）、『ギリシャ哲学の対話力』（集英社）、『齋藤孝のざっくり！西洋思想』（祥伝社）、『これだけは知っておきたい！ 日本人のための世界の宗教入門』（ビジネス社）など多数。NHK Eテレ「にほんごであそぼ」総合指導ほか、テレビ出演多数。

ベスト新書
518

使う哲学

二〇一六年六月二十日 初版第一刷発行

著者◎齋藤 孝
発行者◎栗原武夫
発行所◎KKベストセラーズ
東京都豊島区南大塚二丁目二九番七号 〒170-8457
電話 03-5976-9121（代表）
装幀フォーマット◎坂川事務所
印刷所◎近代美術
製本所◎ナショナル製本
DTP◎三協美術

ISBN978-4-584-12518-2 C0210